Boris Hartmann und Michael Lange

Mutismus im Kindes-, Jugend- und Erwachsenenalter

Für Angehörige, Betroffene sowie therapeutische und pädagogische Berufe

RATGEBER

für Angehörige, Betroffene und Fachleute

herausgegeben von
Prof. Dr. Jürgen Tesak †

Boris Hartmann und Michael Lange

Mutismus im Kindes-, Jugend- und Erwachsenenalter

Für Angehörige, Betroffene sowie therapeutische und pädagogische Berufe

Bibliografische Information der Deutschen Nationalbibliothek: Die Deutsche Nationalbibliothek verzeichnet diese Publikation in der Deutschen Nationalbibliografie; detaillierte bibliografische Daten sind im Internet über http://dnb.d-nb.de abrufbar.

Besuchen Sie uns im Internet: www.skvshop.de

9., überarb. Auflage 2024
8., überarb. Auflage 2021
7., überarb. Auflage 2017
6., überarb. Auflage 2013
5., überarb. Auflage 2010
4., überarb. Auflage 2007
3., überarb. Auflage 2005
2., überarb. Auflage 2004
1. Auflage 2003
ISBN Print: 978-3-8248-0506-8
ISBN E-Book: 978-3-8248-0735-2

Mollweg 2, D-65510 Idstein
Vertretungsberechtigte Geschäftsführer:
Dr. Ullrich Schulz-Kirchner, Martina Schulz-Kirchner
Lektorat: Doris Zimmermann
Fotos: Miguel Perez und David Klammer
Umschlagentwurf und Layout: Petra Jeck, Susanne Koch
Druck und Bindung:
Plump Druck & Medien GmbH, Rolandsecker Weg 33, 53619 Rheinbreitbach
Printed in Germany

Inhalt

Vorwort zur Reihe

Die Ratgeber für „Angehörige, Betroffene und Fachleute“ vermitteln kurz und prägnant grundlegende Kenntnisse (auf wissenschaftlicher Basis) und Hilfestellungen zu ausgewählten Themen aus den Bereichen der Medizin, der Sprach- und der Ergotherapie. Die Autor(inn)en der Reihe sind ausgewiesene Fachleute mit langjähriger Erfahrung in Therapie, Beratung und Lehre.

Im vorliegenden Band haben ein erfahrener Therapeut, Dr. Boris Hartmann, und ein Betroffener, Michael Lange, gemeinsam (!) ein fundiertes Werk geschaffen, das Angehörigen und Betroffenen die wichtigsten Informationen über Mutismus liefert. Mutismus ist für die Betroffenen ein tiefgreifendes Problem, und auch die Angehörigen sind oft „mitbetroffen“.

Sachliche Information ist ein erster Weg, um Betroffenen und Angehörigen den Weg aus dem Schweigen zu ermöglichen. Erfreulicherweise erscheint der vorliegende Ratgeber bereits in mehreren überarbeiteten Auflagen. Wir freuen uns über die hohe Akzeptanz des Werkes und hoffen, einigen den „Weg aus dem Schweigen“ ermöglicht zu haben.

Prof. Dr. Jürgen Tesak †
(Herausgeber)

| Einleitung

Die Sprache und das Sprechen sind wohl die wichtigsten Kommunikationsmittel des Menschen. Aufwachsen, in die Schule gehen, lernen, das alltägliche Leben meistern und zwischenmenschliche Beziehungen knüpfen, all das funktioniert hauptsächlich über das Medium Sprache – und Sprechen.

Manchen Menschen „fehlt“ aber die Möglichkeit, dieses Medium zu nutzen. Sie sprechen nicht, obwohl sie es organisch gesehen (Ausnahme: akinetischer Mutismus) eigentlich könnten. Diese Menschen leiden unter der **Kommunikationsstörung Mutismus**.

Es ist uns ein Anliegen dabei zu helfen, schweigende Menschen besser zu verstehen, Problemstellungen im alltäglichen Leben mit diesem Phänomen aufzuzeigen, Beratungs- und Therapiehilfen anzubieten und vor allem: schweigenden Kindern, Jugendlichen und Erwachsenen zwischen*menschlich* und im Hinblick auf ihre Fähigkeiten gerecht zu werden, damit Betroffene und ihre Angehörigen, aber auch Außenstehende das Schweigen und seine Konsequenzen bewältigen können.

Wir hoffen ebenfalls, mit diesem Ratgeber die oft vorhandenen Vorurteile, unter denen Menschen mit Mutismus zu leiden haben, abzubauen. Familienangehörige, Schweigende sowie Personen aus therapeutischen und pädagogischen Berufen finden hier wertvolle Hinweise, wie Mut und Selbstvertrauen für ein Miteinander durch Sprechen entstehen bzw. vermittelt werden können und welche therapeutischen Wege es gibt, um eine Zukunftsperspektive außerhalb von Angst und Isolation zu entwickeln.

Wir möchten Sie darauf hinweisen, dass der vorliegende Ratgeber nicht den Gang zum Sprachtherapeuten/Logopäden, Psychotherapeuten oder Psychiater ersetzen kann. Auch ist von einer Selbstmedikation dringend abzuraten. (Internet-)Adressen und weiterführende Hinweise können dem letzten Kapitel entnommen werden.

Ein Problem äußert sich

„Ihr Kind spricht nicht bei uns und vermeidet häufig den Blickkontakt. Ist bei Ihnen in der Familie irgendetwas passiert?“

Abb. 1: Ein Blickkontakt ist oft nicht möglich

Der erste Hinweis auf einen sprachlichen Rückzug ihres Kindes scheint die Eltern unerwartet zu treffen, sie reagieren überrascht. Es ist in den meisten Fällen die Zeit des Kindergarteneintritts, die erste regelmäßige Loslösung vom gewohnten elterlichen Haus, von der Mutter. Die besorgte Kindergärtnerin macht die Mutter auf ein besonderes Verhalten ihres Kindes aufmerksam, das sich von den Verhaltenskomponenten der anderen Kinder auffallend unterscheidet: Sobald die elterliche Bezugsperson den Kindergarten verlässt, erstarrt das Kind sowohl körpersprachlich als auch mimisch – aber vor allem: Es schweigt. Jeder Versuch, von außen an das Kind heranzutreten, es zu lautsprachlichen Reaktionen zu bewegen, scheitert und bleibt als unbeantwortete Wunschäußerung am Erwachsenen, verwirrend und Ratlosigkeit erzeugend, haften.

Die Schilderung einer Mutter: *„Im Kindergarten ist unsere Tochter sehr zurückgezogen und spielt nicht mit anderen Kindern. Es fällt ihr sehr schwer, Kontakt zu anderen bzw. fremden Personen aufzunehmen. Sind wir irgendwo zu Besuch, kommuniziert sie nur über uns. Selbst bei Personen, die sie seit ihrer Geburt kennt. Zu Hause hat sie unzählige Rituale, vor allem am Abend. Mittlerweile sind wir alle ziemlich am Ende. Nadine selbst scheint auch nicht glücklich zu sein. Sie hat vor vielen Sachen Angst, alleine auf die Toilette zu gehen und Ähnliches. Fahrrad fahren und anderes macht sie aber mit großer Freude. Die Widersprüche lassen uns manchmal verzweifeln. Das ganze Familienleben dreht sich um sie.“*

| Wann tritt das Schweigen erstmals auf?

Das Schweigen, auch **Mutismus** genannt, wird in der Regel beim Eintritt in den Kindergarten erstmals offensichtlich. Es kann sich aber auch erst beim Schuleintritt, in der Pubertät oder im Erwachsenenalter äußern und über die kommunikative Hemmung hinaus mit einer Unfähigkeit zum kollektiven motorischen, emotionalen und sozialen Mitschwingen verbunden sein. Erste Tendenzen für ein sozialphobisches Rückzugsverhalten sind jedoch bereits in der Krabbelgruppe zu erkennen.

Die Entdeckung des Phänomens Schweigen im Kindes-, Jugend- und Erwachsenenalter bedeutet – obwohl in seiner Deutlichkeit nicht zu übersehen – für die Betroffenen und Angehörigen fast immer den Beginn einer – mitunter jahrelangen – Odyssee der Suche nach einer zutreffenden Diagnose, einzelfallbezogenen Ursachenforschung und geeigneten Therapieform. Nicht selten werden die betroffenen Kinder, Jugendlichen und Erwachsenen schon bei der ersten ärztlichen Konsultation sofort zu einer psychiatrischen Klinik überwiesen. Mehrwöchige bis mehrmonatige Aufenthalte (selbst bei jungen Kindern) werden in Kauf genommen in der Hoffnung, durch die Trennung vom familiären Schutzraum und mit Hilfe psychotherapeutischer Maßnahmen eine sich von selbst ergebende kommunikative Öffnung herbeizuführen, was sich häufig aber nicht bewahrheitet. Beide Seiten geben dann irritiert, ernüchtert, schließlich resigniert auf. Die Suche der Angehörigen wird fortgesetzt.

Ist aber der Weg in eine klinisch-stationäre Therapie unvermeidbar? Wird nicht bei einem stationären Aufenthalt die tatsächliche Chance des Milieuwechsels durch die eher Angst erzeugende Krankenhausatmosphäre wieder zunichtegemacht? Ist bei ängstlich-gehemmten Kindern die Trennung von denjenigen Personen, zu denen sie noch eine Vertrauensbeziehung aufrechterhalten – den Eltern –, wirklich sinnvoll? Gibt es Fälle, wie z. B. den plötzlich eintretenden totalen Mutismus im Erwachsenenalter, in denen nicht doch die Überweisung in eine psychiatrische Klinik angeraten ist?

Die sich ergebenden Fragen bei der Suche nach der adäquaten Therapieform machen eine Darstellung der mutismusrelevanten Erscheinungsformen, Ursachen, Beratungs- sowie Therapieangebote erforderlich, um eine Unterstützung in der einzelfallbezogenen Fokussierung des Betroffenen anzubieten und Ihnen bei der Beantwortung der Frage behilflich zu sein, ob eine stationäre Behandlung sofort und in jedem Fall unerlässlich ist und welche Alternativen es gibt, Betroffenen den Weg (zurück) in die kommunikative und soziale Gemeinschaft zu ermöglichen.

Was ist Mutismus? Eine Begriffsbestimmung

Als Mutismus (lat. mutus = stumm) bzw. **elektiver Mutismus** (ICD-10-GM: F94.0) oder **selektiver Mutismus** (ICD-11: 6B06; DSM-5: F94.0) wird das Schweigen nach vollzogener Sprachentwicklung bei vorliegender Sprach- und Sprechfähigkeit bezeichnet, das in bestimmten Situationen (z. B. Kindergarten, Schule, Arbeitsplatz) oder gegenüber stressbesetzten Personen (Erzieherinnen, Lehrkräfte, Vorgesetzte, Fremde) auftritt. Eine neurologische Störung der Sprachzentren, Nervenbahnen oder Sprechwerkzeuge liegt nicht vor. **Ausschlusskriterien nach der ICD-11 sind:**

- Schizophrenie (6A20)
- Autismus-Spektrum-Störung (6A02) und
- vorübergehender Mutismus als Teil von Trennungsangst bei jungen Kindern (6B05).

Bei den Attributen elektiv bzw. selektiv könnte davon ausgegangen werden, dass der Schweigende selbst darüber willentlich bestimmt bzw. bestimmen kann, mit wem er redet. Das ist aber in der Regel nicht der Fall.

Nicht der Betroffene bestimmt darüber, in welcher Situation er redet, sondern die Situation selbst diktiert es.

Die Familie ermöglicht in den meisten Fällen eine Kommunikation – jedoch nur im engsten familiären Kreis (Eltern, Geschwister), während häufig schon bei den Großeltern eine verbalsprachliche Kontaktaufnahme unmöglich erscheint. Darüber hinaus gibt es, wenngleich auch seltener, die Möglichkeit, dass sich der (s)elektive Mutismus gerade bei den nächsten Bezugspersonen äußert und außerhalb der Familie nicht in Erscheinung tritt.

Neben dem (s)elektiven Mutismus kann in schweren Fällen auch eine völlige Kommunikationshemmung eintreten, hier liegt der so genannte **totale Mutismus** vor. Weder innerhalb noch außerhalb der Familie wird gesprochen. Die totale Form des Schweigens kann sich entweder als dramatische Verlaufsvariante eines in der Kindheit begonnenen partiellen Schweigens entwickeln oder ausgelöst durch ein seelisches Trauma bzw. im Rahmen einer psychiatrischen Grunderkrankung (Bsp.: Psychose, endogene Depression) plötzlich entstehen. Eine völlige Sprechhemmung stellt die seltenere Form des Schweigens dar. Ein totaler Mutist redet mit niemandem. Häufig fehlen Lautäußerungen jeglicher Art (Husten, Niesen, Räuspern, Atemgeräusche). Da jeder lautsprachliche Kontaktversuch von außen fehlschlägt, werden totale Schweiger oft für geistig zurückgeblieben oder autistisch gehalten.

Das partielle oder totale Schweigen geht in der Regel mit einem sozialen Rückzug einher, d. h. die betroffenen Kinder, Jugendlichen und Erwachsenen scheuen den gemeinschaftlichen Kontakt zu anderen Menschen, entziehen sich, scheinen die soziale Isolation als „kleineres Übel" der „Verpflichtung zur sozialen Integration" vorzuziehen.

Abb. 2: Das Schweigen als soziales Rückzugsphänomen

Hinsichtlich der Prävalenzrate liegen keine gesicherten Zahlen vor. Sie ist, je nach Studie, sogar stark abweichend und reicht von 0,02 %-0,05 % (Goodman et al. 2007)[1] über 0,18 % (Kopp & Gillberg 1997)[2] bis 2,0 % (Kumpulainen et al. 1998)[3].

Diagnostik – Welche Kriterien gibt es?

Gehen Eltern selektiv oder total schweigender Kinder bzw. Jugendlicher zum Arzt, wird häufig die **Fehldiagnose Autismus-Spektrum-Störung (ASS)** gestellt. Dies zeigt sich auch in den sprachtherapeutischen/logopädischen Praxen, in denen die Therapeuten als Erstes mit der Aufgabe der adäquaten Diagnosestellung konfrontiert werden, was sich in der Regel als interdisziplinäres Aufgabenfeld entwickelt (s. Abb. 3).

---

1 Goodman, R.; Scott, S. & Rothenberger, A. (²2007): Kinderpsychiatrie kompakt. Darmstadt: Steinkopff.

2 Kopp, S. & Gillberg, C. (1997): Selective mutism: A population-based study: A research note. Journal of Child Psychology and Psychiatry and allied Disciplines 38/2, 257-262.

3 Kumpulainen, K.; Räsänen, E.; Raaska, H. & Somppi, V. (1998): Selective mutism among second-graders in elementary school. European Child and Adolescent Psychiatry 7/1, 24-29.

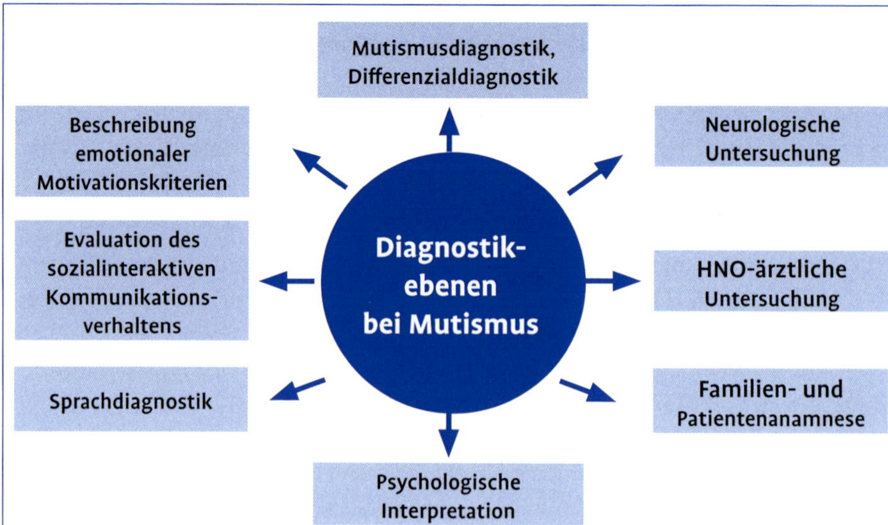

Abb. 3: Die Diagnostikebenen bei Mutismus

Mutismusdiagnostik (Schritt eins): Ein elektiver oder selektiver Mutismus ist vorhanden – beide Begriffe werden parallel verwendet und beinhalten keinen Unterschied –, wenn Sie folgende Fragen mit „Ja" beantworten können:

1.) Liegt eine abgeschlossene Sprachentwicklung im Sinne einer kommunikativen Grundfähigkeit vor?
2.) Ist das Sprachverständnis altersentsprechend?
3.) Lässt sich ein Unterschied im kommunikativen Verhalten feststellen: hier der Schweigende, dort der Redselige?
4.) Gibt es eine Voraussagbarkeit dieses unterschiedlichen Kommunikationsverhaltens, d. h., können Sie Situationen nennen, in denen Sie im Voraus wissen, dass geschwiegen wird?

Der zweite bzw. dritte diagnostische Schritt besteht in der **neurologischen und HNO-ärztlichen Untersuchung** des schweigenden Kindes, Jugendlichen oder Erwachsenen. Hier müssen zum einen hirnorganische Erkrankungen wie z. B. Aphasien neurovaskulärer, tumorbedingter, hirntraumatischer oder hirnatrophischer Genese sowie progrediente (fortschreitende) Sprachregressionen etwa beim Landau-Kleffner-Syndrom ausgeschlossen werden. Zum anderen sollte der Tatsache Rechnung getragen werden, dass bereits minimale Hörstörungen oder der Ausfall bestimmter Frequenzbereiche zu einer veränderten Kommunikationsbereitschaft führen können.

Die Erhebung der Familien- und Patientenanamnese (Schritt 4) intensiviert die wichtige Suche nach ursächlichen (dispositionellen) Faktoren (Freeload von drei Diagnostikbögen unter www.boris-hartmann.de).

Hierzu wurde der Kölner Mutismus Anamnesebogen (K-M-A) entwickelt (Hartmann 2016)[4], mit dessen Hilfe Risikofaktoren bei den Familienangehörigen und den Betroffenen dokumentiert werden können, die für die Entstehung einer mutistischen Symptomatik relevant sein können. Die Familienanamnese (Teil 1) erfasst die mütterliche und die väterliche Linie getrennt. Gefragt wird nach dem

- Merkmal Temperament: Verbalverhalten der Eltern im Unterrichtskontext, sozialinteraktive Bindung in der Schulzeit, Wesensmerkmale der Geschwister und eigenen Eltern sowie nach den
- Merkmalen aus dem klinischen Bereich: Soziale Angststörung, weitere Phobien, generalisierte Angststörung, Panikstörung, Depression, Zwangsstörung/OCD, Suchterkrankung (Alkohol-, Drogenabusus) und sonstige psychiatrische Diagnosen.

In der Patientenanamnese (Teil 2) wird die persönliche Entwicklung der von Mutismus Betroffenen beschrieben:

- Komplikationen bei der Schwangerschaft und/oder Geburt, HNO-Befunde, Klinikaufenthalte, Mehrsprachigkeit, Diagnosen aus dem Bereich der Sprachtherapie/Logopädie, erste Signale für ein Rückzugsverhalten, Mutismus und ein singuläres Ereignis, bisherige Therapien in der chronologischen Reihenfolge, jetziges Sprechverhalten, Begleitphänomene wie Manipulation, Pavor nocturnus, Enuresis, Enkopresis, Pedanterie und Zwänge.

Bei der anschließenden **psychologischen Interpretation** können anhand nichtsprachlicher (nonverbaler) projektiver Zeichentests und Fragebögen (Paper-Pencil-Tests) Persönlichkeitsmerkmale und familiäre Beziehungsstrukturen aufgedeckt werden. Als mögliche Testverfahren können genannt werden: Der Baumtest, Der Mann-Zeichen-Test, Familie in Tieren, Kinder-Angst-Test (KAT II), das Depressions-Inventar für Kinder und Jugendliche (DIKJ) und die Skalen zur Sozialen Angststörung (SOZAS). Darüber hinaus helfen

4 Hartmann, B. (2016): Kölner Mutismus Anamnesebogen (K-M-A). Praxis Sprache 3/16, 200-205.

E-S-K-M
Evaluationsbogen für das sozialinteraktive Kommunikationsverhalten bei Mutismus

Vorname: ______________ m | w Datum: ______________

Name: ______________________ Erstevaluation: ☐

Geb.-Datum: __________ Alter: ______ Folgeevaluation: ☐ Nr.: ______

Diagnose: ______________________ Untersucher/in: ______________

0 = nicht belastend: ungehemmte Kommunikation
1 = mäßig belastend: Kommunikation auf Aufforderung
2 = stark belastend: (s)elektives oder totales Schweigen

Sozialinteraktive Situation	**Kommunikativer Belastungsgrad 0**	**1**	**2**
Einsatz von Mimik und Gestik	O	O	O
Sprechen zu Hause mit Eltern und Geschwistern	O	O	O
Sprechen mit Großeltern und weiteren Verwandten	O	O	O
Fragen von Nachbarn (Erwachsene) beantworten	O	O	O
Spielen und Reden mit Nachbarskindern	O	O	O
Spielen und Reden mit Kindern im Kindergarten bzw. in der Schule	O	O	O
Sprachliche Kontaktaufnahme zu Erzieher(inne)n bzw. Lehrer(inne)n	O	O	O
Sprachliche Kontaktaufnahme zu Arbeitskolleg(inn)en	O	O	O
Kommunikation über Schriftsprache	O	O	O
Geräusche mit dem Mund zu Hause	O	O	O
Geräusche mit dem Mund im therapeutischen Setting	O	O	O
Ein-Wort-Antworten außerhalb der Familie	O	O	O
Ein-Satz-Antworten außerhalb der Familie	O	O	O
Singen zu Hause	O	O	O
Singen im therapeutischen Setting	O	O	O
Begrüßung und Verabschiedung	O	O	O
Nacherzählung von Geschichten zu Hause	O	O	O
Nacherzählung von Geschichten außerhalb der Familie	O	O	O
Telefonieren	O	O	O
Sprechen in therapeutischer Begleitung außerhalb der Praxis/In-vivo-Therapie	O	O	O
Freies Gespräch in der Therapiesituation	O	O	O
Selbständiges Einkaufen mit Sprechen	O	O	O
Frage-Antwort-Muster bei Fremden	O	O	O

∑ Folgeevaluation ☐ **∑ Erstevaluation** ☐

Abb. 4: Die Evaluation des Kommunikationsverhaltens in realen Alltagssituationen mit dem E-S-K-M

nonverbale Intelligenztests bei der prognostischen Einschätzung des vorliegenden Lernpotenzials und der schulischen Entwicklungsmöglichkeiten.

Von zunehmender Bedeutung ist die **sprachtherapeutische/logopädische Diagnostik.** Diesbezügliche Untersuchungen zeigen, dass 33 % – 51,9 %[5–8] der mutistischen Kinder neben dem Schweigen Sprachauffälligkeiten und weitere 21,4 %[6] bilingual bedingte sprachliche Anpassungsstörungen aufweisen. So können Artikulationsstörungen, Dysgrammatismen, Reduktionen des aktiven und passiven Wortschatzes, Stottern, Poltern oder Stimmstörungen vorhanden sein, die durch einen Mutismus verdeckt werden. Hier ist es wichtig, mit Hilfe des kommunikativen Mediums (meistens die Mutter) den individuellen Sprachstatus – bei bilingualen Kindern auch der Familiensprache – zu bestimmen. Da das sprachliche Ausdrucksvermögen sowohl die sozialen Kontaktmöglichkeiten als auch das persönliche Krisenmanagement gestaltet **(Sprachkompetenz = Sozialkompetenz)**, ist es gerade bei gehemmten Kindern, Jugendlichen und Erwachsenen wichtig, sprachliche Erschwernisse aufzudecken und durch spezielle Therapiemaßnahmen, wenn möglich, auszugleichen.

Die Diagnostik (Schritte sieben und acht) wird abgerundet mit der **Evaluation des sozialinteraktiven Kommunikationsverhaltens** und der **Beschreibung emotionaler Motivationskriterien** (s. u.). Mutisten neigen häufig zu *negativen Erwartungshaltungen,* die im Hinblick auf reale Alltagssituationen in einem Evaluationsbogen (vgl. Abb. 4) erfasst und dokumentiert werden können. Diese Ereigniswahrnehmung wird aufgrund der Abrufbarkeit oder Nichtabrufbarkeit eigener Bewältigungsmöglichkeiten (Ressourcen) entweder zu einer kontrollierenden Bewältigung (Sprechen) oder vulnerablen Bewältigung (stressbedingtes Schweigen) führen. Die so entstehende Bewertung von kommunikativen Alltagssituationen beinhaltet neben der diagnostischen Aussage zugleich einen ersten Ansatzpunkt für die daran anschließende Therapie und dient im Behandlungsverlauf als förderdiagnostisches Instrument. Weitere Diagnostika hinsichtlich des sozialen Stressempfindens bei Kindern und Jugendlichen sind: Sozialphobie und -angstinventar für Kinder (SPAIK), Fragebogen zur Erhebung von Stresserleben und Stressbewältigung im Kindesalter (SSK).

---

5 Steinhausen, H. & Juzi, C. (1996): Elective mutism: An analysis of 100 cases. Journal of the American Academy of Child and Adolescent Psychiatry 35, 606-614.

6 Isensee, B.; Haselbacher, A. & Ruoß, M. (1997): Elektiver Mutismus: Ein Überblick zu Therapie und Praxis. Zeitschrift für Kinder- und Jugendpsychiatrie und Psychotherapie 25, 247-262.

7 Kristensen, H. (2000): Selective mutism and comorbidity with developmental disorders/delay, anxiety disorder, and elimination disorder. Journal of the American Academy of Child and Adolescent Psychiatry 39, 249-256.

8 Remschmidt, H.; Poller, M.; Herpertz-Dahlmann, B.; Henninghausen, K. & Gutenbrunner, C. (2001): A follow-up study of 45 patients with elective mutism. European Archives of Psychiatry and Clinical Neurosciences 251 (6), 284-296.

Bei der **Beschreibung emotionaler Motivationskriterien** wird analysiert, warum die schweigende Person redet bzw. schweigt und welche Bedürfnisebenen, d. h. emotionalen Zustände, von der schweigenden Person gesucht oder vermieden werden und schließlich als Auslöser eines Verhaltens in Frage kommen. Es lassen sich hier drei psychologische Basismotive unterscheiden: Anschluss- vs. Leistungs- vs. Kontroll- bzw. Machtmotiv.

Bei beiden Formen des Schweigens scheinen die Angehörigen von der offenkundigen Sprechhemmung überrascht zu werden. Tritt die totale Form tatsächlich meist ohne Vorankündigung auf, so sind beim selektiven Schweigen schon bei der Erhebung einer ausführlichen Anamnese (Vorgeschichte) Vorzeichen einer beginnenden Entwicklung oder bestimmte Wahrscheinlichkeitsvariablen zu beobachten wie:

- Schüchternheit,
- Ängstlichkeit,
- symbiotische Mutter-Kind-Beziehung,
- sozialer Rückzug und/oder
- eine deutliche familienbiografische Anhäufung dieser Faktoren.

Die 8-Stufen-Diagnostik ist fakultativ und kann auch in Teilschritten vorgenommen werden. Neben der Diagnostik des Mutismus ist seine Abgrenzung zu anderen sprachlichen Problemfeldern – wie im Folgenden gezeigt wird – notwendig.

Differenzialdiagnostische Abgrenzungen

Die differenzialdiagnostische Abgrenzung des Schweigens gegenüber anderen sprachlichen bzw. kommunikativen Beeinträchtigungen erweist sich häufig als schwierig.

Hierzu eine schriftliche Anfrage aus Indien: „*Sir, ich brauche Ihre Anleitung bei der Diagnostik eines schwierigen Falles. Die Geschichte ist folgende: Bei unserem Patienten wurde vorgeschichtlich von einer Lähmung im Jahr 1981 und 1984 berichtet, von der er sich binnen eines Jahres durch den Einsatz von Medikamenten erholt hatte. Er kam zu uns im Jahr 1993. Über den Zeitraum von 12 Jahren war er mutistisch gewesen, pflegte aber seine alltäglichen Angelegenheiten zu erledigen und mit seiner rechten Hand zu schreiben. In all diesen Jahren hatte er über das Schreiben kommuniziert. Er war aber in der Lage zu summen. Mit Hilfe von Sprachtherapie und Hypnose gewann er innerhalb von 3 Sitzungen seine Sprache zurück. Die Sprache war normal. Rückfall im Jahr 1999. Er kehrte mit der Bezeichnung ‚Lähmung' zurück, war mutistisch und kommunizierte über das Schreiben. Das Summen war weiterhin möglich. Es wurde eine Aversionstherapie durchgeführt. Innerhalb von 2 Stunden gewann er eine normale Sprache zurück. Wir sind irritiert im Hinblick auf die differenzialdiagnostischen Ebenen transienter Mutismus, totaler Mutismus, funktionelle Aphasie, Konversionshysterie, funktionelle Anarthrie. Bitte helfen Sie uns bei der Diagnostik dieses Falles. Wir hoffen, bald von Ihnen zu hören."*

All India institute of speech and hearing (deutsche Übersetzung von den Autoren)

Der Mutismus wird – nicht zuletzt durch die sehr bekannt gewordene Darstellung eines idealtypischen Autisten in dem Kinofilm *Rainman* – häufig mit der Autismus-Spektrum-Störung (ASS) verwechselt.

Autismus-Spektrum-Störung (ASS) vs. Mutismus

Eine differenzialdiagnostische Abgrenzung der Autismus-Spektrum-Störung (ICD-11: 6A02) gegenüber dem selektiven Mutismus (ICD-11: 6B06) kann durch sechs Merkmale skizziert werden:

a) **Angststörung:** Während die Autismus-Spektrum-Störung eine tiefgreifende neurologische Entwicklungsstörung darstellt, wird der Mutismus seit der Erstveröffentlichung des DSM-5 der American Psychiatric Association (APA) unter die Angststörungen subsumiert.
b) **Überwindbarkeit:** Menschen mit ASS bleiben ein Leben lang mit der Grundbehinderung verbunden. Dagegen gehört der Mutismus zu den überwindbaren Störungsbildern und verfügt im Kindesalter über eine ausgesprochen gute Prognose.
c) **Konstanz:** Menschen mit ASS verhalten sich *gleichbleibend* zurückgezogen, kontaktarm und abwehrend gegenüber Wahrnehmungsanreizen des Umfeldes und bevorzugen selbststimulierende visuelle und auditive Stereotypien, während Mutisten *zwei völlig unterschiedliche „Gesichter"* zu haben scheinen: hier der introvertierte, gehemmte Schweiger, dort der gelöste, anhängliche Lebhafte.
d) **Emotionalität:** Menschen mit ASS zeigen sich emotional meistens eher unterkühlt, können nur schwer einen gefühlsmäßigen Kontakt selbst zu ihren Eltern und Geschwistern aufbauen, machen sich schon als Säugling beim Hochheben durch die Mutter körperlich steif. Mutisten sind dagegen in den Situationen, in denen sie sich

ungehemmt verhalten und lebhaft sprechen, überaus emotional, suchen geradezu den äußerst engen Kontakt zu einem Elternteil (häufige Mutter-Kind-Symbiose).

e) **Sprachentwicklung:** In schweren Fällen (Frühkindlicher Autismus bzw. Low Functioning Autism/LFA) entwickeln Menschen mit ASS aufgrund neurolinguistischer und neuromotorischer Störungen nur eine redundante, auf den Ebenen Artikulation, Prosodie, Grammatik-Morphologie, Semantik-Lexikon und pragmatisch-kommunikative Kompetenz auffällig abweichende Sprache. Die Schriftsprache bleibt ihnen häufig verschlossen oder ist allein über die Gestützte Kommunikation (Facilitated Communication/FC) anhand von Buchstabentafeln oder Buchstabentastaturen anzubahnen. Zusätzlich werden in die Gestützte Kommunikation auch Methoden und Ansätze der Unterstützenden Kommunikation (Augmentative and Alternative Communication/AAC) mit Einsatz von Körpersprache und Gebärden integriert. Mutisten verfügen dagegen über eine mindestens altersentsprechende Entwicklung der Schriftsprache, benötigen also keine speziellen Konzeptionen einer Kommunikationsdidaktik. In vielen Fällen ist der schriftliche Ausdruck sogar überdurchschnittlich gut, da er aufgrund des situativen Schweigens (z. B. in der Schule) als das Kompensationsmittel eingesetzt wird.

f) **Verhaltensstereotypien:** Die Autismus-Spektrum-Störung wird durch die Wiederholung von Verhaltensmustern und Bewegungsabläufen flankiert, der Mutismus dagegen nicht. Hier fehlen wiederkehrende motorische Autostimulationen z. B. durch Finger-, Hand- und Ganzkörperbewegungen, Handlungsrituale sowie selbstisolierende Sonderinteressen (Auswendiglernen von Fahrplänen etc.).

Autistische Menschen leben in einer eigenen, ihrer eigenen Welt, zumindest wirkt es so von außen betrachtet. Es existiert eine auffällige Zugewandtheit zur eigenen Person, die Umwelt wird nur peripher wahrgenommen, so scheint es. Dieses Verhalten wird heute als persönlicher Schutzschild interpretiert, der notwendig wird, weil Autisten große Probleme mit der Reizüberflutung haben. Das bedeutet, die Auswahl zwischen wichtigen und unwichtigen Umweltreizen funktioniert in der hirnorganischen Selektion nicht. Mutisten leiden dagegen nicht unter einer solchen Reizunterscheidungsschwäche und können sich demnach in Ruhe auf die Wahrnehmung und Deutung von Umweltereignissen einlassen. Weitere Unterscheidungsmerkmale können der Publikation „Mutismus vs. Autismus-Spektrum-Störung" der Fachzeitschrift „Mutismus.de" (Heft 24)[9] entnommen werden (www.mutismus.de).

9 Mutismus Selbsthilfe Deutschland e. V. (Hrsg.) (2021): Mutismus vs. Autismus-Spektrum-Störung. Mutismus.de 13/24.

Schweigende Menschen sind oft sehr gute und sensible Beobachter und können blitzartig Alltagssituationen nach eigenen Maßstäben beurteilen, wobei das Beurteilungssystem auf die sensible, aber grob kategorisierende Deutung **gefühlsmäßig gefährlich** oder **gefühlsmäßig ungefährlich** ausgerichtet ist.

Sie nehmen – dies hinterlässt vom Erscheinungsbild her des Öfteren einen anderen Eindruck – aktiv an ihrer Umwelt teil, auch wenn sich diese Aktivität „nur" auf das Zuhören und gedankliche Mitverfolgen bezieht.

Neben der Autismus-Spektrum-Störung (ASS) sind, wie schon erläutert, bei der Differenzialdiagnose vor allem Sprachstörungen aufgrund neurologisch bedingter Abbauprozesse abzugrenzen sowie der so genannte **akinetische Mutismus**. Cairns et al. (1941)[10] verwendeten diesen Terminus seinerzeit für ein Schweigen, das auf eine epidermoide Zyste des dritten Hirnventrikels zurückgeführt wurde. Der Begriff akinetischer Mutismus bezeichnet bis heute jene Formen des Schweigens, die in Zusammenhang mit Enzephalopathien, Apoplexien, Schädel-Hirn-Traumata oder raumfordernden Prozessen (Tumore, Hydrozephalien) auftreten und bei vollem Wachbewusstsein eine zentrale Antriebsblockade der Bewegung und des Sprechens involvieren.

Der Mutismus wird, wie beschrieben, zu den Angststörungen gezählt (s. DSM-5). Überlappungen mit anderen Diagnosen sind möglich: „Außerdem erhalten Kinder mit Selektivem Mutismus im klinischen Rahmen fast immer zusätzlich die Diagnose einer anderen Angststörung, am häufigsten die Diagnose einer Sozialen Angststörung (Sozialen Phobie)" (DSM-5 2015, 265)[11]. „Comorbid conditions are prevalent, especially other anxiety disorders and neurodevelopmental disorders, and it is important to assess the child for these" (Oerbeck et al. 2016, 18)[12]. Zusätzlich sind Querverbindungen zur Depression, hier vermehrt ab dem Jugendalter, möglich. Das Sprechen und der mit ihm verbundene Antrieb für kommunikative Interaktionen zeigt sich als locus minoris resistentiae, der schon bei geringen psychischen Belastungen mit Auffälligkeiten, gerade im sozial-kommunikativen Bereich, reagiert.

10 Cairns, H.; Oldfield, R. C.; Pennybacker, J. B. & Whitteridge, D. (1941): Akinetic mutism with an epidermoid cyst of the 3rd ventricle. Brain 64, 273-290.

11 American Psychiatric Association (2015): Diagnostisches und Statistisches Manual Psychischer Störungen – DSM-5. Deutsche Ausgabe herausgegeben von Peter Falkai und Hans-Ulrich Wittchen. Göttingen: Hogrefe.

12 Oerbeck, B.; Manassis, K.; Overgaard, K. R. & Kristensen, H. (2016): Selective mutism. In: Rey, J. M. (ed.): IACAPAP e-Textbook of Child and Adolescent Mental Health. Geneva: International Association for Child and Adolescent Psychiatry and Allied Professions.

| Erscheinungsformen des Schweigens und weitere Verhaltenskomponenten

Der selektive oder totale Mutismus äußert sich nicht nur in einem Schweigen fremden, vertrauten oder allen Personen gegenüber. Seinen bizarren, fast mystischen Charakter erhält er vor allem durch das Phänomen, dass auch kein Lachen, Weinen (es wird stumm, zumeist tränenarm oder sogar tränenlos geweint), Räuspern, Husten oder Atemgeräusch zu vernehmen ist. Die Mimik der Betroffenen ist maskenhaft, hölzern, monoton ernst oder gleichgültig. Der Blickkontakt wird vermieden oder geht leer durch den auf eine Kontaktaufnahme Wartenden hindurch.

In vertrauter Umgebung zeigt sich dagegen ein anderes Bild: Der bzw. die soeben noch Schweigende spricht lebendig und ungehemmt, sehr häufig sogar etwas zu viel, weil bedürfnisnachholend. Der mimisch-gestische Ausdruck wirkt wie von einer Last befreit. Die kommunikative Verwandlung findet ihr Pendant in der veränderten Körpersprache: Die Bewegungen mutistischer Kinder, Jugendlicher und Erwachsener erinnern in Gegenwart von Fremden – also anfänglich auch Therapeuten, Ärzten, Pädagogen – an die spannungsintensiven Motorikmuster der Zerebralparese (spastische oder athetotische Lähmung aufgrund einer Hirnschädigung mit deutlich verlangsamter, grobmotorischer Bewegungsverzerrung). Dagegen entspricht die körpersprachliche Expression des Betroffenen in der als angenehm empfundenen Atmosphäre dem Bild eines entspannten Menschen.

Abb. 5: Das Schweigen und sein mimischer Ausdruck

Abb. 6: Die Entspannung und ihr mimischer Ausdruck

Alles unter Kontrolle?

Das Schweigen bei Kindern, Jugendlichen und Erwachsenen ist in den meisten Fällen mit einem äußerst unerwarteten Wesenszug kombiniert: Dominanz- und Kontrollsucht im narzisstischen Sinne. Sie kann Merkmale einer Zwangsstörung aufweisen.

Mutistische Personen neigen – obwohl außerhalb der Familie mittelpunktsscheu – im vertrauten elterlichen Rahmen zu einer passiv oder aktiv-expansiv geführten Durchsetzungsfähigkeit bzw. Zentrierung ihrer Bedürfnisse und Person. Dies kann von der ausschließlichen Akzeptanz bestimmter Speisen, Getränke, Angewohnheiten über die totale Verweigerung häuslicher Mitarbeit (Zimmer aufräumen, Tisch decken, Geschirr abräumen etc.) bis hin zu einer diktatorischen Ausblendung bestimmter Familienangehöriger (vermehrt Großeltern) reichen.

Das Streben nach (unbewusst) perfekter Kontrolle drückt sich auch häufig durch eine auffallend verzögerte Entwicklung in der selbständigen Durchführung der Körperreinigung nach Toilettengängen aus. Die Abwehr, sich nach dem „großen Geschäft“ selbst sauber zu machen und jeglichen Kontakt mit vermeintlich schmutzig machenden Dingen entstehen zu lassen, sichert einerseits die permanente Fürsorge der Mutter und korreliert andererseits mit einer anderen übergeneralisiert „ästhetischen“ Verhaltenskomponente: der Tendenz zu narzisstischen Wesenszügen.

Mutistische Kinder, hier verstärkt mutistische Mädchen, zeigen sich oft als adrette, akkurat gekleidete Prinzesschen, die weder eine Sandkasten- bzw. „Matschphase“ durchschreiten noch Spiele auf dem Fußboden ausüben. Hinzu kommt eine, bei beiden Geschlechtern vorkommende, übertriebene Angst vor vermeintlichen Gefahren, bei denen Kinder ansonsten die Bewältigung von Unsicherheit und Angst erlernen: Klettergerüste, Rutschen, das Erklettern von Bäumen, das Erlernen von Fahrrad fahren und Schwimmen werden, wenn es die Eltern ermöglichen – und die Elternarbeit zeigt, dass sie es ermöglichen – nicht immer, aber häufig vermieden.

Im Sinne der narzisstisch-perfektionistischen Tendenz bei Schweigern ist auch die übersensibilisierte Angst vor Fehlern zu verstehen: Mutistische Kinder und Jugendliche „drehen“ bei beginnender kommunikativer Öffnung jede mögliche Äußerung erst „um“ und suchen von allen Seiten nach sich selbst nicht erlaubten Irrtümern, ehe sie – derartig kontrolliert – einen Gedanken über die Lippen bringen. Das Spielverhalten ist ähnlich gefärbt: Es wird das bevorzugt, was für die eigene Frustrationstoleranz ungefährlich ist und bei einem direkten Vergleich mit anderen so gut wie keine Fehlleistungen und damit permanente Gewinnchancen wahrscheinlich werden lässt. Mit der Analyse narzisstischer Impulse für die Motivation zum sprachlichen Rückzug entwickelt sich anhand der genannten Tendenzen – vor dem Hintergrund einer anlagebedingten Gehemmtheit (s. u.) – eine nicht unerhebliche Fragestellung:

Ist die (zwanghafte) Zentrierung des gesamten Familiensystems *um* bzw. *durch* das schweigende Kind sowie die Sonderstellung in den Kindergärten und Schulen nicht auch eine Form eines narzisstischen Verhaltens?

Die Gehemmtheit sowie der kommunikative Rückzug in Gegenwart von Nichtfamilienmitgliedern scheinen dagegen zu sprechen, ist doch eine ichbezogene Kontrolle der augenblicklichen Situation durch ein Schweigen nicht realisierbar. Betrachtet man allerdings das Muster derjenigen Situationen, in denen gesprochen wird, etwas genauer, so fällt auf, dass eine verbale Kommunikation immer in den Situationen möglich ist, in denen auch kontrolliert wird. Das bedeutet, dass sich das mutistische Kind in der Regel nicht, wie von einzelnen Pädagogen behauptet, in einer Opferrolle befindet, sondern in einer recht manipulativen Ich-Orientierung.

Die intensive therapeutische Auseinandersetzung mit mutistischen Kindern, Jugendlichen und Erwachsenen lässt erkennen, dass der mündliche Rückzug nicht ein Resultat fehlender Kontrollmöglichkeiten zu sein scheint. Vielmehr tritt das Schweigen dort auf, wo aufgrund von eingeschränkten Entfaltungsmöglichkeiten (Sprachstörungen, Einschränkungen der sozialen Kompetenz, Rivalitätskonflikte) nicht nach bewährtem Muster kontrolliert werden kann. Die *Ohn*macht, mit der Gehemmtheit Schweigen einer konsequenten Macht gegenüberzustehen, die noch größer als die eigene zu sein scheint, wird durch ein Machtgefüge innerhalb des Familiensystems ausgeglichen (vgl. auch Hartmann & Müller 2009)[1]. Anders gesagt: Der Druck, den ein Mutist durch die eigene selbst nicht erlaubte Fehlbarkeit außerhalb der Familie erlebt, wird durch eine übertriebene Unfehlbarkeit und Kontrollausübung (unbewusst) an die Familie weitergegeben. Es kommt zur Manipulation der gesamten Familie, die durch Überbehütung und Symbiose mit einem Elternteil noch eine Verstärkung erfährt. Dabei erhalten beide Personen eine zentrale Stellung, die eine Veränderung von außen kaum noch zulässt (Prinzip des gegenseitigen Machterhalts). Die Eltern geraten an ihre Belastungsgrenze (Hartmann 2023)[2].

1 Hartmann, B. & Müller, N. (2009): Mutismusspezifische Induktionsprozesse innerhalb der Familie – Eine interaktive Bestandsaufnahme. Mutismus.de 1/1, 4-11.

2 Hartmann, B. (2023): Manipulation als intrafamiliärer Belastungsfaktor bei Mutismus: Wer hilft eigentlich den Eltern? Mutismus.de 14/28, 13-22.

Wie reagieren die Eltern auf ihr schweigendes Kind?

Die Eltern bzw. direkten Bezugspersonen reagieren auf die Durchsetzungsfähigkeit bzw. Dominanzsucht ihrer andererseits ängstlichen und gehemmten Kinder ambivalent:

Das Schweigen führt einerseits zu Mitgefühl und einer völligen Ausrichtung des Familiensystems auf die Bedürfnislage des „Sorgenkindes“, andererseits führt eine Verdrängung der anderen Familienmitglieder (evtl. Geschwister, Vater, Großeltern) und Freunde der Eltern zu einem situativ aggressiven Stimmungsumschwung, wobei authentische negative Gefühle nicht zugelassen werden und eher „eine Faust in der Tasche“ gemacht wird, als dass die Eltern sich trauen, das eigene Erziehungsverhalten konsequenter zu gestalten.

Zurück bleiben Ratlosigkeit, Selbstvorwürfe, Resignation. Soziale Kontakte der Familie verringern sich oder entstehen gar nicht erst. Die Mutter scheint in der Polarität zwischen eigenem Machtanspruch und resignativer Hilflosigkeit gefangen. Sie ist es, die einerseits die Zielscheibe der alltäglichen Kontrollierungstechniken seitens des mutistischen Kindes darstellt, andererseits aber als „Medium zur Außenwelt“ und für tägliche Verrichtungen wie körperliche Sauberkeit, Zubereitung speziell akzeptierter Gerichte, Befriedigung seelischer bzw. emotionaler Bedürfnisse sowie für die außerhäusliche Alltagsbewältigung dringend benötigt wird.

Der Vater agiert oder reagiert in einer eher schwachen Vaterrolle, fühlt sich – oder wird tatsächlich – ausgegrenzt. Spannungen in der elterlichen Ehe, wenn bisher nicht spürbar oder eher klein geschrieben, erhalten eine galoppierende Eigendynamik mit Rückwirkung auf das wechselhafte, inkonsequente Erziehungsverhalten gegenüber dem mutistischen Kind/Jugendlichen und seinen Geschwistern.

Es beginnt ein Teufelskreis, der durch spezielle flankierende Rahmenbedingungen noch verschärft werden kann, wenn sprachliche Problemfelder und/oder soziale Rückzugs- bzw. Isolationstendenzen zum Verhaltensrepertoire der Familie gehören.

Mit den Sprachauffälligkeiten (inklusive Zweisprachigkeitsproblemfelder bei Einwanderungsfamilien) liegen überzufällig (signifikant) häufig die oben genannten eingeschränkten Entfaltungsmöglichkeiten vor, die einem ohnehin kommunikativ antriebsreduzierten Menschen außerhalb der Familie eine Kontrollausübung in den bewährten Mustern nicht ermöglichen und aus diesem Grund eine Kontrollalternative erfordern: das Schweigen.

Wo liegen die Ursachen für das Schweigen?

Die Interpretation des Schweigens erweist sich in der Regel als komplexe verlaufsdiagnostische Aufgabenstellung. Zu Beginn der Ursachenforschung sind jene kommunikativen Situationen exakt zu beschreiben, in denen die Schweigenden sprechen bzw. das Sprechen vermeiden. Das bedeutet, es muss vorab festgestellt werden, ob der Mutist tatsächlich in einigen Situationen kommuniziert und, wenn ja, in welchen. Für die Diagnose des (s)elektiven Mutismus ist der Nachweis einer **völlig unterschiedlichen Kommunikationsbereitschaft** unerlässlich. Ein generell schüchternes, jedoch auf Ansprache stets eintretendes Antwortverhalten ist nicht zu den mutistischen Formen zu zählen. Das Kardinalsymptom ist die **situative bzw. totale Sprechhemmung.** Als Ursache des Schweigens kommen sowohl psychologische als auch organische Faktoren in Frage.

Erklärungsmodelle aus dem psychologischen Bereich

Bei den psychologischen Interpretationsmodellen sind zuerst die so genannten **Problemlösungsmodelle** wie z. B. der **psychoanalytische Ansatz** zu nennen: Das Schweigen wird als intrapsychische Bewältigungsstrategie eines vorliegenden seelischen Konflikts oder Problems verstanden. Als Beispiele kommen in Frage: Ich-bedrohliche Mutter-Kind-Beziehungen, Angsterlebnisse beim Kindergarten- oder Schuleintritt, narzisstische Persönlichkeitsstrukturen oder traumatisierende Ereignisse.

Beispiele:

a) Ein Kind oder Jugendlicher beobachtet, wie eine Person bei einem Unfall schwer verletzt oder getötet wird. Der Vorfall führt zu einem Schock. Durch das Schweigen (als Selbstschutz) wird das Ereignis ungeschehen gemacht, eine eingeredete Schuld, nicht geholfen zu haben, eliminiert.

b) Ein weiteres seelisches Trauma stellen *Verlustängste* beim Tod eines Elternteils, nahen Verwandten oder engen Freundes dar. Durch das Schweigen (als Bindungsinstrument) versuchen die psychisch erschütterten Kinder eine engere Beziehung zur verbliebenen Bezugsperson zu „erzwingen“. „Wenn ich nicht spreche, muss sich meine Mutter/mein Vater mehr um mich kümmern, und ich habe sie/ihn für mich allein.“

c) Schweigen als Zeichen der Ablehnung: Das Kind schweigt, weil es die Eltern oder die neuen Partner aus bestimmten Gründen (Rivalitätskonflikte, Insuffizienzgefühle,

Scheidungstrauma) negiert. Das unangepasste Verhalten symbolisiert ein Nichtgefallen, die Provokation.

Als zweiter Problemlösungsmechanismus ist neben dem psychoanalytischen der **stresstheoretische Ansatz** zu nennen. Hierbei werden von einer Person Umweltereignisse als seelisch äußerst belastend interpretiert, können Ressourcen in der Ereignisbewältigung vermeintlich oder tatsächlich nicht ausgeschöpft oder gar nicht erst entwickelt werden. Es kommt zu einer Überflutung der eigenen als gering angesehenen Bewältigungsvariablen durch ein problematisch erscheinendes Umweltereignis (z. B. Kindergarten- oder Schuleintritt).

Eine andere psychologische Deutungsmöglichkeit ist das Schweigen aufgrund von angelernten Reaktionsmustern **(lerntheoretischer Ansatz)**. Werden durch das Nichtsprechen vermehrt positiv erlebte Konsequenzen wie verstärkte Aufmerksamkeit bzw. Vermeidung von Pflichten ausgelöst, wird das Schweigen wiederholt. Man spricht von **positiver** (vermehrte Zuwendung) bzw. **negativer** (Vermeidung von Pflichten) **Verstärkung (operante Konditionierung)**. Darüber hinaus kann das Schweigen auch nachgeahmt werden **(Imitationslernen)**.

Lerntheoretische Mechanismen spielen bei der Aufrechterhaltung des Schweigens sowie bei der Entstehung des so genannten **subjektiven Krankheitsgewinns** eine zentrale Rolle (durch das Schweigen entstehen für den Betroffenen Vorteile, die als angenehm empfunden werden, das Problem Schweigen aber aufrechterhalten).

Der **milieutheoretische Ansatz** ist durch sozio-ökonomische Bedingungsfaktoren charakterisiert wie wirtschaftliche Notlage der Familie, sprachliche Einwanderungsproblemfelder, Umstellungsschwierigkeiten zwischen stark Dialekt sprechenden Familienangehörigen und Hochdeutsch artikulierender Lehrerschaft sowie soziale Kontaktarmut der Familie.

Schließlich ist noch die **Sozialphobie** zu nennen, bei der Menschen an einer dauerhaften, unangemessenen Furcht vor sozialen oder Leistungssituationen leiden. Hier ist es möglich, dass weder mündlich noch schriftlich kommuniziert wird. Studien zur Sozialphobie ergeben mittlerweile deutliche genetische Einflüsse, wie im Folgenden gezeigt wird, sodass die soziale Angst nicht mehr als rein psychogen zu verstehen ist.

Psychologische Ansätze geraten bei der Ätiologie des Mutismus zunehmend in den Hintergrund. Sie verlagern sich heute eher auf die Ebene der Aufrechterhaltung und werden von den organischen Faktoren verdrängt.

Erklärungsmodelle aus dem organischen Bereich

Bei den organischen Verursachungsfaktoren sind folgende Verbindungen zu nennen: **Mutismus und Entwicklungsstörungen** (Zusammenhang von Schweigen und sprachlichen, intellektuellen oder motorischen Defiziten), **Mutismus und Psychose** (das Schweigen tritt im Rahmen psychiatrischer Grunderkrankungen wie Schizophrenie, endogene Depression oder akute Erkrankung des Gehirns auf; vermehrt bei Erwachsenen vorkommend), **Mutismus und Disposition** (das Schweigen wird primär auf genetische Faktoren zurückgeführt).

Bei den genannten organischen (bzw. somatologischen) Erklärungsansätzen ist der so genannte **akinetische Mutismus** hinzuzufügen, der mit hirnorganischen Schädigungen und Hemmungsphänomenen der zentralen Sprechfunktionen einhergeht. Der akinetische Mutismus stellt eine Sonderform des Schweigens dar.

Welche Rolle spielen genetische Anlagen?

Bei den organischen Faktoren für den Mutismus ist vor allem das dritte Erklärungsmodell zu nennen: Mutismus und Vorbelastung durch Anlagen für Gehemmtheit und sozialen Rückzug.

Die Praxis zeigt, dass in fast allen Fällen Mutisten aus Familien kommen, in denen schon auf der Ebene der Kindesmutter bzw. des Kindesvaters mindestens ein introvertierter, sozial zurückgezogener, sprachlich gehemmter Elternteil vorzufinden ist. Neben dem gehemmten Temperament verweist die Familienanamnese von drei Generationen häufig auf weitere Merkmalsanhäufungen Richtung Angst und/oder Depression. Das bedeutet, dass beim Mutismus in der Regel von einer **genetischen/dispositionellen Vorbelastung (Diathese)** auszugehen ist (vgl. Black & Uhde 1995[1], Steinhausen & Adamek 1997[2], Kristensen 2000[3], Dobslaff 2005[4], Chavira et al. 2007[5] und Hartmann 2019[6]). Parallelen zu

1 Black, B. & Uhde, T. W. (1995): Psychiatric characteristics of children with selective mutism: A pilot study. Journal of the American Academy of Child and Adolescent Psychiatry 34, 847-856.

2 Steinhausen, H. C. & Adamek, R. (1997): The family history of children with elective mutism: a research report. European Child and Adolescent Psychiatry 6, 107-111.

3 Kristensen, H. (2000): Selective mutism and comorbidity with developmental disorders/delay, anxiety disorder, and elimination disorder. Journal of the American Academy of Child and Adolescent Psychiatry 39, 249-256.

4 Dobslaff, O. (2005): Mutismus in der Schule. Berlin: Volker Spiess.

5 Chavira, D. A.; Shipon-Blum, E.; Hitchcock, C.; Cohan, S. & Stein, M. B. (2007): Selective mutism and social anxiety disorder: All in the family? Journal of American Academic Child and Adolescent Psychiatry 46/11, 1464-1472.

6 Hartmann, B. (Hrsg.) ([5]2019): Gesichter des Schweigens – Die Systemische Mutismus-Therapie/SYMUT® als Therapiealternative. Idstein: Schulz-Kirchner.

den Ergebnissen der Angstforschung werden deutlich. So konnte die Metaanalyse von Hettema et al. (2001)[7] aufzeigen, dass der Einfluss genetischer Faktoren bei Angststörungen z. T. erheblich ist. Unter Verwandten ersten Grades lag die Erblichkeit bei der Panikstörung bei 47,8 %, der generalisierten Angststörung bei 31,6 %, den Phobien bei 52,3 % und den Zwangsstörungen (OCD/obsessive-compulsive disorder) bei 25,1 %.

Stein et al. (2011)[8] gehen sogar einen Schritt weiter. Sie fanden heraus, dass eine Abweichung des Gens CNTNAP2 in der Neurexin-Protein-Familie zu einem erhöhten Risiko für die Entwicklung des Mutismus und der Sozialphobie führt. Varianten beim CNTNAP2, Bestandteil des Chromosoms 7 im Bereich 7q35-q36, werden auch mit der Autismus-Spektrum-Störung (ASS) in Verbindung gebracht. Neurobiologische Gemeinsamkeiten könnten zukünftig die Frage beantworten, weshalb es Ähnlichkeiten im Erscheinungsbild von Mutismus und Autismus gibt, obwohl beide Störungsbilder differenzialdiagnostisch abgegrenzt werden.

Dennoch bedarf es häufig neben der erblichen Vorbelastung eines weiteren Verursachungsfaktors, um das Schweigen in seinem eigendynamischen Verlauf entstehen zu lassen. So können z. B. Angst erzeugende Schulsituationen aufgrund von sprachlichen Störungsbildern oder Unsicherheiten (Stressmomente, s. o.) auf das dispositionell vorbelastete Fundament (Diathese für Schweigen) treffen. Nach dem Diathese-Stress-Modell (Hartmann 2007, 2017)[9, 10] entsteht eine Kombination aus familienbiografisch gehäuft auftretender Gehemmtheit und seelisch belastenden Umweltfaktoren (Diathese-Stress-Konfiguration).

Die dispositionelle Vorbelastung in Form einer Familienanhäufung von kommunikativer Gehemmtheit, Introvertiertheit und/oder sozialem Rückzug erklärt letztlich auch, weshalb beim Kind, Jugendlichen oder Erwachsenen gerade ein Schweigen (Mutismus) auftritt und nicht ein Stottern, Bettnässen oder tiefgreifende Persönlichkeitsstörungen.

---

7 Hettema, J. M.; Neale, M. C. & Kendler, K. S. (2001): A review and meta-analysis of the genetic epidemiology of anxiety disorders. American Journal of Psychiatry 158/10, 1568-1578.

8 Stein, M. B.; Yang, B.-Z.; Chavira, D. A.; Hitchcock, C. A.; Sung, S. C.; Shipon-Blum, E. & Gelernter, J. (2011): A common genetic variant in the neurexin superfamily member CNTNAP2 is associated with increased risk for selective mutism and social anxiety-related traits. Biological Psychiatry 69/9, 825-831.

9 Hartmann, B. ([5]2007): Mutismus – Zur Theorie und Kasuistik des totalen und elektiven Mutismus. Grohnfeldt, M. (Hrsg.): Schriften zur Sprachheilpädagogik. Band 1. Berlin: Volker Spiess.

10 Hartmann, B. (2017): Das Diathese-Stress-Modell in der Mutismus-Therapie – Ein Ansatz auf dem Prüfstand aktueller Sichtweisen. Mutismus.de 9/18, 4-12.

In den letzten Jahren wurden zwei weitere Verursachungsfaktoren herausgearbeitet. Zum einen wird das Schweigen auf eine zu niedrige Konzentration des Neurotransmitters **Serotonin** im Hirnstoffwechsel zurückgeführt (s. auch Kap. *Psychiatrische Behandlung*), zum anderen auf eine Überreaktion des Angstzentrums – der **Amygdala** – im limbischen System. Letzteres steuert die Emotionen des Menschen, die hierdurch auf Angst (ohne realen Auslöser) geschaltet werden.

In Verbindung mit dem dispositionellen Ansatz rücken damit drei somatogene Erklärungsmodelle in den Vordergrund der Mutismus-Forschung:

a. Mutismus infolge einer Disposition
b. Mutismus infolge einer Hypokonzentration von Serotonin
c. Mutismus infolge einer Hyperreaktion der Amygdala.

In vielen Fällen des Schweigens ist eine exakt zu definierende Ursachenklärung nicht möglich. Wie beschrieben, lassen sich jedoch **drei Einflussgrößen beim Schweigen** wiederholt und sogar mehrheitlich bestimmen:

1. die Familienanhäufung kommunikativ gehemmter und sozial zurückgezogener Personen,
2. die häufige Kombination von Mutismus mit sprachlichen Problemfeldern,
3. die durch Lernprozesse erfolgende Aufrechterhaltung des Schweigens in Form des subjektiven Krankheitsgewinns.

Die Sprache ist ein wichtiger Schlüssel zum alltäglichen Miteinander. Wenn dieses Mittel fehlt, ist der Mutist selbst, vor allem aber die Menschen, die ihm begegnen, zunächst sehr hilflos. Dies gilt besonders für den Kindergarten und die Schule, denn hier muss das Kind lernen, soziale Geflechte aufzubauen und Freundschaften zu pflegen, was aber hauptsächlich über Sprache und Sprechen geschieht. Was ist zu tun?

Mutismus im Kindergarten

Ein Vater schreibt: *„Ich bin Allgemeinarzt in ... und vermute bei meiner vierjährigen Tochter einen selektiven Mutismus. Seit ihrem Eintritt in den Kindergarten kommuniziert sie mit Außenstehenden inklusive der Erzieherinnen nur nonverbal. Der sprachliche Kontakt zur Familie und zu Kindern ist jedoch größtenteils ungestört. Ist Ihnen hier im Großraum ... eine entsprechende Praxis für Sprachtherapie bekannt? Welche diagnostische und therapeutische Vorgehensweise würden Sie mir empfehlen? Für einen entsprechenden Rat wäre ich Ihnen sehr dankbar."*

Ein schweigendes Kind im Kindergarten ist sowohl für die betreuende Einrichtung als auch für die mitbetroffenen Eltern ein Buch mit sieben Siegeln, das Fragen über Fragen aufwirft und keine Antwortmöglichkeiten erkennen lässt. Wäre es hier nicht angeraten und im Interesse aller Beteiligten, das Kind zügig an eine integrative bzw. heilpädagogisch ausgerichtete Einrichtung zu überweisen? Kann ein solches Kind in einem Regelkindergarten überhaupt gehalten werden oder ist gar eine stationäre Behandlung indiziert?

Hier gilt folgender Grundsatz: Ist das Schweigen nicht eingebettet in eine psychiatrische Grunderkrankung bzw. durch ein emotionales Schockerlebnis bedingt, stellt Mutismus eine mögliche, jedoch keine zwingende Indikation für eine klinisch-stationäre Behandlung dar.

In der Praxis zeigt sich, dass schweigende Kinder bei entsprechender therapeutischer Begleitung schon in der (Regel-)Kindergartenzeit das Schweigen verringern oder ganz ablegen können. Mutismus gehört zu den überwindbaren Störungsbildern!

Was können Erzieherinnen und Erzieher tun?

Natürlich ist der sofortige Signalcharakter des mutistischen Verhaltens zu erkennen: Das Kind schweigt, nicht weil es einfach nicht sprechen will und trotzig ist. Es kann nicht, weil es gehemmt ist. Sowohl das Kind als auch die Eltern bedürfen der sofortigen Hilfe. Hier ist die Beratungsleistung sowie das Einfühlungsvermögen der Erzieherinnen und Erzieher bzw. des Leitungspersonals gefragt.

Sollten Sie als Erzieher(in) auf ein Kind treffen, von dem Sie glauben, dass es mutistisch ist, sollten Sie zunächst eine Bestandsaufnahme machen. Was kann das Kind, und was kann das Kind nicht? Wie kann es sich äußern und mit welchen Hilfsmitteln? Versuchen Sie eine gemeinsame Kommunikationsebene mit dem Kind herzustellen.

Abb. 7: Wecken Sie das Interesse für das soziale Miteinander und damit die Beobachtungslust des Kindes

Beispiele hierfür sind das gemeinsame Erarbeiten einer Zeichensprache, das Malen von Bildern, Rollenspiele mit Puppen oder auch Pantomimenspiele mit anderen Kindern zusammen. Voraussetzung für eine Kontaktaufnahme dieser Art ist jedoch, als Erstes ein Interesse für das Geschehen und damit die beobachtende Teilnahme bei der schweigenden Person zu wecken.

Wichtig ist, dass sich das Kind nie ausgestoßen fühlt, aber auch nie besonders in den Mittelpunkt gestellt werden darf. Hierbei einen einzelfallbezogenen Mittelweg zu finden, ist oft recht schwierig.

Dennoch: Das Verhalten der Mitmenschen innerhalb und außerhalb der Familie kann als eigenständige Einflussgröße bei der Aufrechterhaltung des Schweigens bezeichnet werden. Gerade vor dem Hintergrund, dass schweigende Menschen hoch sensibel Umweltereignisse und sie betreffende Reaktionen des sozialen Umfeldes beobachten, bewerten und schließlich übernehmen oder energisch abwehren, erhält die konstruktive Gestaltung der sozial-kommunikativen Rahmenbedingungen eine große Bedeutung (s. Abb. 8).

Abb. 8: Was wirkt auf einen schweigenden Menschen von außen ein?

Binden Sie auch die Eltern mit ein. Informieren Sie sie über Mittel und Wege, wie ihrem Kind geholfen werden kann, z. B. durch eine sprachtherapeutische/logopädische oder psychologische Behandlung. Auch Bilderbücher zum Thema Mutismus sind zu empfehlen (s. Kap. *Ausblick*). „Neben Erkenntnissen aus wissenschaftlichen Studien fördern vor allem literarische Produkte aus dem Bereich der Belletristik bei breiten Bevölkerungsschichten das Bewusstsein für SM – seien das Werke aus der Unterhaltungsliteratur für Erwachsene oder auch themengebundene SM-Bilderbücher für Kinder im Elementar- und Primaralter [...]“ (Jackel 2023, 61)[1]. Insgesamt gilt: Je normaler und kindgerechter ein schweigendes Kind behandelt wird, desto besser ist es für das Kind selbst und den Verlauf seines Schweigens.

Beratungshilfen für den Kindergarten

Im Folgenden werden Stichpunkte für eine effiziente Beratung sowie ein mutismusspezifisches pädagogisches Reaktionsmuster in der Einrichtung selbst vorgestellt, aus denen einzelfallbezogen ausgewählt werden kann:

1 Jackel, B. (2023): Vom Schweigen zum Sprechen – Eine Auswahl aus jüngster Forschung und literarischen Produkten zum Selektiven Mutismus (SM). sprechen 40/75, 56-67.

1. Klären Sie die Eltern des Kindes darüber auf, dass das permanente Schweigen in der Einrichtung, das vier Wochen über die anfänglichen Gewöhnungsschwierigkeiten (Trennungs- und Verlustängste, Anpassungsprobleme) hinausgeht, auf einen Mutismus hindeutet. Das Schweigen muss hier konstant sein und sollte nicht mit Sprechscheu verwechselt werden, bei der auf Aufforderung – wenn auch schüchtern – geantwortet wird. Heftige lautsprachliche Protesthaltungen bei der morgendlichen Trennung von Mutter und Kind, wie lautes Schreien, tränenreiches Weinen, aggressives Beschimpfen, korrelieren nicht mit einem beginnenden Mutismus.
2. Motivieren Sie die Eltern zu einer Vorstellung des Kindes beim Kinderarzt und/ oder Sprachtherapeuten/Logopäden.
3. Unterstützen Sie die Vorstellung des Kindes in einer ärztlichen bzw. sprachtherapeutischen/logopädischen Praxis mit einem Schreiben Ihrer Institution, welches den Hinweis auf die **Verdachtsdiagnose Mutismus** mit der Beschreibung des kindlichen Rückzugsverhaltens beinhaltet.
4. Geben Sie den Hinweis, dass mutismusspezifische Beratungen und Behandlungen bei Sprachtherapeuten/Logopäden, Kinder- und Jugendpsychotherapeuten sowie Kinder- und Jugendpsychiatern durchgeführt werden.
5. Teilen Sie mit, dass die Gruppenleiterin verstärkt für die soziale Integration des Kindes sorgen wird, und achten Sie selbst auf die Umsetzung dieser Integrationshilfe. Ein mutistisches Kind darf nicht isoliert bzw. zum Außenseiter werden!
6. Motivieren Sie die Eltern und sich selbst zur Aufrechterhaltung bzw. Anbahnung der nonverbalen Kommunikationsmöglichkeiten, wie Gestik, Mimik, Kopfzeichen für Ja und Nein, stummes Mitmachen in der Gruppe wie Mitspielen und Mitklatschen, flüsterndes Mitsingen bei Kreisspielen.
7. Unternehmen Sie – nach Beginn einer Therapie – erst dann vorsichtige Versuche einer kommunikativen Kontaktaufnahme, wenn der nichtlautsprachliche Kontakt stabil und vertrauensvoll ist.
8. Eine Kontaktaufnahme im Sinne einer lautsprachlichen Öffnung des Kindes sollte nur in Absprache mit den Therapeuten erfolgen. Erfahrene Therapeuten beziehen die Umweltsituationen mutistischer Kinder konzeptionell mit ein, entweder direkt mit der Errichtung einer interdisziplinären Gesprächsrunde und/oder indirekt mit der Erarbeitung therapeutischer Regeln bzw. Maßnahmen für die Kindergartensituation.
9. Verweisen Sie auf die Tatsache, dass Mutismus behandelbar ist und die Therapie in den meisten Fällen zur Auflösung des mutistischen Verhaltens führt.
10. Nehmen Sie das Kind an, wie es ist. Dies gilt sowohl für den Kindergarten als auch für die Eltern.

Wird der Mutismus frühzeitig erkannt, entscheidet sich in der Kindergartenzeit, ob sich das Schweigen verfestigt (chronifiziert) oder therapeutisch aufgelockert bzw. aufgelöst wird.

Der rechtzeitigen Identifikation des Schweigens kommt damit in der Elementarphase institutioneller Erziehung (Kindergarten) eine therapierelevante Bedeutung zu.

Denken Sie im Kindergarten immer daran, dass Eltern ihre ansonsten mutistischen Kinder zu Hause als völlig normal sprechend erleben und daher ein für sie nicht zu erkennendes asymmetrisches Bild von ihrem Kind haben.

Vorsicht: Die Beratung und der damit erfolgende Hinweis, dass bei dem Kind evtl. ein Mutismus vorliegt, kann ungläubig abgewehrt oder sogar ursächlich mit dem Kindergarten in Verbindung gebracht werden (Abwehr durch Projektion).

Regelkindergarten, heilpädagogischer oder integrativer Kindergarten?

Zeigt das schweigende Kind außer der Sprechhemmung keine anderen psychischen Auffälligkeiten, kann man als Eltern für eine möglichst normale (allgemeinpädagogische) Umgebung votieren. In einem Regelkindergarten ist der Schritt zurück in die Welt der Sprechenden leichter zu vollziehen, weil die Schweigenden ihre freundschaftlichen Beziehungen zu anderen Kindern beibehalten können. Dies gilt insbesondere auch im Hinblick auf einen späteren gemeinsamen Schulbesuch.

Bei weiteren Verhaltensabweichungen und ausgeprägten bekannten Sprachauffälligkeiten, die zusätzlich zur Sprechhemmung bestehen, ist der Wechsel in eine heilpädagogisch ausgerichtete oder integrative Einrichtung zu diskutieren, um dem erhöhten Förderbedarf des Kindes gerecht zu werden.

Mutismus in der Schule

Die Ratsuche einer besorgten Mutter: *„Ich habe einen 8-jährigen Sohn mit selektivem Mutismus. Wir wohnen zurzeit in den USA, wo mein Sohn die zweite Klasse besucht. Wir planen jedoch im Sommer dieses Jahres wieder zurück nach Deutschland zu kommen. Dies bereitet mir einiges Kopfzerbrechen, da ich mir unsicher bin, an wen ich mich wenden soll bezüglich Therapie und in welcher Art von Schule mein Kind am besten aufgehoben ist. Hier in den USA besucht mein Sohn eine special education class mit dem Ziel der Eingliederung in eine reguläre Klasse. Außerdem ist er in der Schule unter psychotherapeutischer Betreuung und besucht auch wöchentlich eine Spiel- und Gruppentherapie. Ich würde mich über jede Information von Ihnen freuen."*

Eine weitere Kontaktaufnahme einer Mutter: *„Ich möchte mich zuerst einmal für das freundliche Telefonat bedanken, was für uns sehr hilfreich war. Die gewünschten Unterlagen habe ich angefordert bzw. die Heilmittelverordnung Nr. 14 liegt vor. Leider konnte ich Sie telefonisch nicht erreichen, daher der Weg per E-Mail mit der Bitte um Terminabsprache für unsere Tochter Tina. Die Sache ist – wie ich Ihnen am Telefon bereits erläutert habe – ein wenig eilbedürftig, da die Vereinbarung auf sonderpädagogische Förderung (gemeint ist der so genannte ‚Antrag auf Feststellung des sonderpädagogischen Förderbedarfs' gemäß der Verordnung über die Feststellung des sonderpädagogischen Förderbedarfs und die Entscheidung über den schulischen Förderort/VO-SF auf der Grundlage der §§ 7 Abs. 5 und 14 Schulpflichtgesetz/SchpflG, zuletzt geändert durch die ‚Ausbildungsordnung Sonderpädagogische Förderung/AO-SF', Anm. d. Autoren) in den nächsten Tagen seitens der Schule gestellt wird und wir – auf Wunsch der Schule – mit unterschreiben sollen und wir nun nicht abschätzen können, was wir am besten tun sollen."*

Die Probleme für Heranwachsende mit Mutismus sind in der Schule häufig noch gravierender als im Kindergarten. Um eins vorwegzunehmen: Mutistische Kinder sind in der Regel weder dümmer noch klüger als „sprechende" Kinder. Schweiger sind aber oft sensibler und beobachten genauer.

Viele Lehrer tun sich schwer, wenn sie ein mutistisches Kind in die Klasse bekommen. Sie finden keinen Zugang zu ihm und denken manchmal sogar, dass es absichtlich schweigt, um den Lehrer zu provozieren.

Menschen, die von dem Schweigen betroffen sind, leiden oft unter einem mangelnden Selbstwertgefühl bzw. Selbstbewusstsein. Gerade hier gilt es in der Schule anzusetzen. Geben Sie als Lehrer dem Kind die Möglichkeit, seine fehlende mündliche Kommunikation durch andere Kommunikationsformen (Gestik, Malen, Schreiben) zu kompensieren. Das stärkt das Selbstwertgefühl des schweigenden Kindes, da es sich durch seine Leistungsfähigkeit nicht mehr den anderen Kindern unterlegen fühlt, sondern kommunikativ ebenbürtig.

Die Mitschüler sollten zu Beginn des Schuljahres von der Klassenlehrerin bzw. vom Klassenlehrer über die Verhaltensweisen des mutistischen Kindes aufgeklärt werden, wobei verdeutlicht werden muss, dass ein Mutist nicht geistig behindert ist, sondern unter einer Störung leidet, für die er nichts kann – klingt selbstverständlich, ist es aber nicht. Ähnlich wie bei einem Kind, das z. B. körperbehindert ist, sollte es für die anderen Kinder eine Selbstverständlichkeit sein, Hilfestellungen zu leisten, ohne den Schweigenden die Achtung vor der eigenen Leistungsfähigkeit zu nehmen (s. auch Sonderheft V Mutismus und Schule der Fachzeitschrift Mutismus.de 12/22 2020, www.mutismus.de)[1].

> Helfen ja, aber kein Mitleidsgehabe und keine Übervorsichtigkeit beim alltäglichen Miteinander in der Schule.

Sind mutistische Kinder schulreif?

In den meisten Fällen sind mutistische Schüler älter gewordene mutistische Kindergartenkinder mit einem manifestierten Mutismus (chronischer Verlauf). Das bedeutet, das Schweigen wird aus der Kindergartenzeit mitgebracht. Der angstbesetzte Eintritt in den Kindergarten oder das erst in dieser Situation offensichtliche mutistische Verhalten einer vorher vermuteten Schüchternheit wurde noch nicht oder nur zum Teil therapeutisch aufgelockert bzw. aufgelöst.

In der Phase der Feststellung der Schulreife ergibt sich nun das Problem, dass mutistische Kinder nur schwer in der amtsärztlichen Untersuchung zu testen sind. Mutisten verweigern – wie zu erwarten ist – in Gegenwart von Ärzten/Fremden jede lautsprachliche und körpersprachliche Kooperation.

1 Mutismus Selbsthilfe Deutschland e. V. (2020): Sonderheft V Mutismus und Schule. Mutismus.de 12/22.

Wie lässt sich eine Schulreife feststellen?

Zum einen gibt es die Möglichkeit, mutistische Kinder bei ihren behandelnden Sprachtherapeuten/Logopäden oder Psychotherapeuten nonverbal (also ohne Verwendung der Lautsprache) sowohl im Hinblick auf die Schulreife als auch bezüglich der vorhandenen Grundintelligenz testen zu lassen, um eine prognostische Einschätzung vornehmen zu können. Zum anderen ist eine solche diagnostische Erfassung der kindlichen Leistungsfähigkeit auch in den sozialpädiatrischen Zentren (SPZ) großer Kinderkliniken bzw. Universitätskliniken möglich.

Auch beim Schweigen in der Schule gilt der Grundsatz: Tritt das Schweigen nicht plötzlich verursacht in der Pubertät oder im Rahmen psychiatrischer Erkrankungen auf, so ist eine stationäre Behandlung zwar möglich, aber nicht zwingend erforderlich.

In der Praxis erhält nun folgende Frage eine zentrale Bedeutung: Welche Schulform ist für ein mutistisches Kind zu empfehlen?

Regelschule oder Förderschule?

Analog zur Frage des richtigen Kindergartens gilt auch hier grundsätzlich ein klares Ja zur Regelschule, wenn das Kind außer dem Schweigen keine anderen Kommunikationsstörungen oder psychischen Erkrankungen zeigt.

Bei Schweigenden kommen hinsichtlich der Schulform aber immer zwei Möglichkeiten in Betracht: Mutismus stellt nach den schulpolitischen Richtlinien der Bundesländer einen Aufnahmegrund für eine so genannte Förderschule mit dem Schwerpunkt Sprache dar. In den Sonderschulen für sprachbehinderte Kinder und Jugendliche (Primarstufe und Sekundarstufe I) unterrichten Sprachheillehrer, die für die schuldidaktische und sprachtherapeutische Förderung von Kindern und Jugendlichen mit sprachlichen Beeinträchtigungen ausgebildet sind. Ist diese Schulform auf eine ambulante therapeutische Unterstützung bei einem niedergelassenen Sprach- oder Psychotherapeuten angewiesen, erfolgt eine ausführliche Beratung und anschließende Empfehlung.

Förderschulen für Sprache unterrichten nicht nach einem sonderpädagogischen, also regelschulischen Curriculum (Lehrplan), haben aber mit der Vorschaltung einer Eingangsklasse (E-Klasse) ein Schuljahr mehr (fünf statt vier Grundschuljahre). Für den Hin- und Rücktransport der Kinder wird in der Regel mit Fahrdiensten gesorgt.

Das Ziel dieser Schulform ist die jährliche Überprüfung einer (Re-)Integration in das Regelschulwesen, was tatsächlich auch häufig realisiert wird. In den Förderschulen für Sprache kann auf das Schweigen der Kinder Rücksicht genommen werden. Der im Verlauf der Beschulung evtl. entstehende Kontakt zu Therapeuten wird intensiv für die Auflockerung bzw. Auflösung der mutistischen Symptomatik innerhalb des Klassenverbandes genutzt und durch interdisziplinäre Gesprächsrunden unterstützt.

Tritt das Schweigen ohne Begleitung weiterer sprachtherapeutischer und/oder psychiatrischer Problemfelder bei durchschnittlicher Grundintelligenz auf, so ist eine Aufnahme in die Regelschule bzw. ein dortiger Verbleib jedoch ebenfalls möglich.

Beratungshilfen für die Schule

Voraussetzung für die Aufnahme in die Regelschule sind intensive Beratungsgespräche mit der Schulleitung, bei denen folgende Fragestellungen ausgiebig erörtert werden können:

1. Ist die Schulleitung grundsätzlich bereit – nach einer offiziellen diagnostischen Bestätigung sowie Bescheinigung der Diagnose Mutismus – die Schülerin bzw. den Schüler auf der Schule unterzubringen oder zu halten?
2. Erfährt die Schulleitung die Unterstützung der Klassen- und Fachlehrer(innen)?
3. Ist eine *Befreiung* des mutistischen Kindes von der mündlichen Beteiligung der *abschwächenden Beurteilung* der mündlichen Leistungen vorzuziehen? Hier ist eine Empfehlung aus dem therapeutischen Bereich angeraten, da beide Bewertungsmodi unterschiedliche Therapiekonsequenzen involvieren und einzelfallbezogen zu diskutieren sind (Beseitigung vs. therapeutische Nutzung eines Leidensdrucks, einer Therapiemotivation bzw. Veränderungsbereitschaft).
4. Wird eine veränderte (asymmetrische) Leistungsbewertung von den Mitgliedern des Klassenverbandes akzeptiert?
5. Sind die schriftlichen Leistungen durchschnittlich bis überdurchschnittlich und können als Kompensationsleistung genutzt werden?
6. Werden schriftlich sowie mittels Gestik und Mimik soziale Kontakte aufgenommen?
7. Wird der Schulverlauf sprach- bzw. psychotherapeutisch flankiert?

8. Gibt es therapeutische Regeln für das Verhalten der schweigenden Schüler(innen) in der Schule?
9. Wird das Kommunikationsverhalten vor Ort in der Schule dokumentiert und therapeutisch bewertet?
10. Finden Gesprächsrunden zwischen Eltern, Klassenlehrer(in) und Therapeut(in) statt?

Die Praxis zeigt eine häufige Beschulung mutistischer Kinder durch die oben genannten Förderschulen bzw. integrativen Schulen. Es finden sich jedoch auch viele Beispiele für eine Aufnahme dieser Kinder und Jugendlichen in die Schulformen der Regelschule (Primarstufe, Sekundarstufe I und II).

Schweigende Schüler können per Einzelfallentscheidung und durch flankierende Therapien und Gutachten gestützt auch im Regelschulbereich Abschlüsse der Sekundarstufe I absolvieren. Die Praxis zeigt, dass bei entsprechenden schriftlichen Leistungen sogar ein Abitur auf einer Regelschule möglich ist, indem per ministeriellem Entscheid als Einzelfalllösung eine *Umwandlung* der vierten *mündlichen* in eine *schriftliche Abiturprüfung* ermöglicht wird.

Zur Notwendigkeit einer schulbegleitenden Therapie

Mutistische Schüler(innen) bedürfen, unabhängig von der Bildung einer Schulabschlussperspektive, einer therapeutischen Begleitung. Ein Links-liegen-Lassen und kommentarloses Mitziehen der schweigenden Kinder bzw. Jugendlichen von einer Klassenstufe in die nächste, in der Hoffnung, sich auf diese Weise dieses „Problems" entledigen zu können, ist nicht nur ethisch abzulehnen, sondern in zweierlei Hinsicht therapeutisch kontraindiziert.

Erstens: Das Schweigen ist ein Signal an die Personen des Umfeldes, dass die Seele des Kindes gehemmte Strukturen aufweist und der angeborene Trieb, mit anderen Menschen in Kontakt treten bzw. sich mitteilen zu wollen, (situativ) nicht mehr verspürt wird. Eine Verschärfung dieser gehemmten Kommunikationsbereitschaft tritt dann ein, wenn das Schweigen zusätzlich mit Sprach-, Sprech- und Stimmstörungen gekoppelt ist.

Zweitens: Eine Nichtbeachtung der Tatsache, dass es sich beim Mutismus um ein eigenständiges Störungsbild und *nicht* – wie häufig vermutet – um eine einfache Trotzreaktion handelt, führt zu einer zwangsläufigen Aufrechterhaltung und Verschlimmerung des Schweigens. Das schweigende Kind erlebt, dass auch ohne mündliche Kommunikation ein (Schul-)Alltag möglich ist und sogar Vergünstigungen wie vermehrte Aufmerksamkeit und Befreiung von Pflichten (positive bzw. negative Verstärkung) mit diesem Verhalten verbunden sein können (vgl. Hartmann 2004[2], Dobslaff 2005[3]). Der anfängliche Leidensdruck wird durch positive Erfahrungen überlagert, gerät in den Hintergrund. Ist kein Leidensdruck mehr spürbar, reduziert sich auch die Motivation für eine Therapie. Es entsteht ein Kreislauf, der zu einem späteren Zeitpunkt therapeutisch nur sehr schwer aufgelöst werden kann. Auch beim Schweigen gilt, was generell auf alle Formen von Störungen, Krankheiten und Erschwernissen zutrifft: Die Behandlung des Mutismus erhält vor allem dann eine günstige Prognose, wenn die Struktur einer kommunikativen Gehemmtheit frühzeitig erkannt und – wenn möglich interdisziplinär – therapeutisch fokussiert wird.

Wie kann ich als Lehrerin/Lehrer helfen?

Die Angst des schweigenden Kindes, sich per Sprache und Sprechen mitzuteilen, sollte überwunden werden. Das Kind muss ermutigt werden, sich zu öffnen und Schritt für Schritt mit dem Sprechen zu beginnen. Die Glasglocke des Schweigens, in der das Kind gefangen ist, kann jedoch größtenteils nur von innen gesprengt werden.

Geben Sie sich bitte nicht der Illusion hin, Sie könnten diese „Mauer aus Glas" von außen durchbrechen. Sie werden immer scheitern und dem Kind eher noch mehr Schaden zufügen, als dass Sie ihm auch nur ansatzweise helfen.

Versuchen Sie, die sprachlichen Reaktionen und Kommentare des Umfeldes Ihrerseits ähnlich sensibel zu beobachten und zu bewerten, wie es Ihre schweigende Schülerin bzw. Ihr schweigender Schüler tut. Wie sieht aber nun diese „Glasglocke des Schweigens" aus (s. Abb. 9)?

Ohne die innere Bereitschaft des Kindes zu reden, wird es nie gelingen.

2 Hartmann, B. (2004): Mutismus in der Schule – ein unlösbares Problem? In: Amrein, Ch. & Baumgarten, H. H. (Hrsg.): Kommunikation in heilpädagogischen Handlungsfeldern. Vierteljahresschrift für Heilpädagogik und ihre Nachbargebiete 73/1, 29-52.

3 Dobslaff, O. (2005): Mutismus in der Schule. Berlin: Volker Spiess.

Abb. 9: Die Glasglocke des Schweigens. Äußere Einflüsse drücken auf das Selbstwertgefühl der schweigenden Person

Wie aber baue ich die „Mauer des Schweigens" ab?

a) **Loben Sie das Kind – auch für Kleinigkeiten – schon von Beginn an.** Beispiel: „Schön, dass du da bist. Ich freue mich, dass ich dich in meiner Schulklasse habe. Ich denke, wir werden gut miteinander klarkommen."

b) **Setzen Sie das Kind nicht unter Druck.** Beispiel: „Wenn du nicht sofort reden magst, ist das O.K. Mach dich erst mal mit allem hier vertraut und richte dich so ein, dass du dich hier wohl fühlst. Bring ruhig dein Lieblingskuscheltier mit."

c) **Grenzen Sie das Kind nicht aus.** Beispiel: Wenn Sie Arbeitsgruppen mit den Kindern bilden, muss das mutistische Kind daran ganz normal teilnehmen können. Fehlende Sprache darf das Kind dabei durch andere Kommunikationsformen (Schreiben, Zeichensprache etc.) ersetzen.

d) **Stellen Sie das Kind nie in den Mittelpunkt.** Das Kind darf sich nicht im Aufmerksamkeitsfokus der ganzen Klasse befinden. Mutisten mögen es nicht, ungewollt im Mittelpunkt zu stehen und von allen beobachtet zu werden. An dieser Stelle kommt wieder das mangelnde Selbstbewusstsein von Schweigenden zum Vorschein.

e) **Wenn das Kind spricht, reagieren Sie normal.** Machen Sie kein großes Thema daraus, wenn ihr(e) Schüler(in) plötzlich doch anfängt, mit einer Person oder mehreren in der Schule zu sprechen. „Alle erwarten von mir, dass ich spreche. Diese Erwartung erdrückt mich, denn ich will nicht im Mittelpunkt stehen."

Genau diese Erwartungshaltung ist es, die viele Betroffene einer Sprechhemmung davon abhält, wieder mit dem Sprechen zu beginnen. „Es ist die Angst zu wissen, dass dann alle von mir erwarten, ich spräche auch mit ihnen." Sie selbst als Lehrer(in) können diese Angst vielleicht ein wenig nachvollziehen, wenn Sie sich einmal vorstellen, Sie müssten einen Vortrag halten und jeder würde Sie genauestens dabei beobachten und anschließend Punkt für Punkt bewerten. Innerlich würden Sie sich sicherlich so verkrampfen, dass Sie nicht Sie selbst wären, während Sie diesen Vortrag halten.

Wie können die Eltern in der Unterrichtssituation helfen?

Dem Kind Mut und Selbstvertrauen vermitteln, das ist einer der Schlüssel zur Überwindung des Schweigens. Die Eltern sollten immer wieder ihr Kind dazu ermutigen, auch mit Hilfe des Sprechens im Unterricht mitzuwirken. Die Betonung liegt dabei auf einer positiven Ermutigung des sprechgehemmten Kindes. Helfen Sie als Eltern, Lehrer, Freunde und Therapeuten, damit die Mutisten die Glasglocke des Schweigens von innen aufbrechen können (s. Abb. 10).

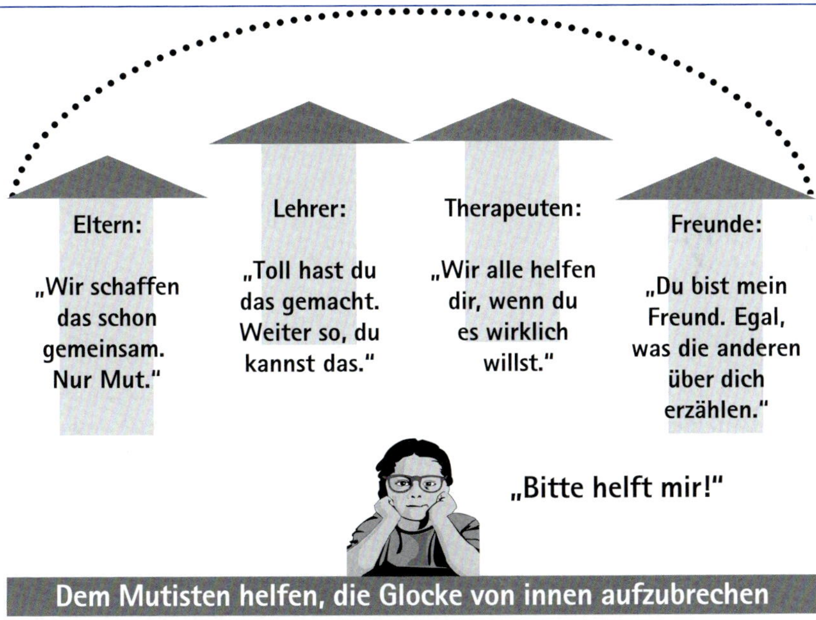

Abb. 10: Positive Überzeugungen steigern das Selbstwertgefühl und erhöhen die Bereitschaft zur kommunikativen Öffnung

| Mutismus im Erwachsenenalter

> Eine Frau berichtet: *„Ich melde mich aus der Schweiz (habe im Internet über Sie gelesen) mit einer großen Bitte. Mein Neffe (32 Jahre, sehr intelligent und sensibel, kein richtiger Zugang zu seinem Vater, Sternzeichen Fisch) ist vor 2 Jahren an einer Psychose erkrankt und war auch zweimal in einer Klinik in Behandlung. Dazu kam im Vorjahr noch die Trennung von seiner Freundin nach 7 Jahren. Derzeit nimmt er Medikamente, kann aber seiner Arbeit nachgehen. Jetzt ist aber noch ein schlimmes Problem dazugekommen – deshalb meine Anfrage an Sie. Er kann sich an nichts mehr erinnern und nichts mehr erzählen. Das ist so ein großes Problem für ihn, und er gerät immer mehr in Isolation. Wenn man etwas fragt, beantwortet er alles. Ist diese Krankheit eine Form des Mutismus, gibt es da Behandlungsmöglichkeiten, an welchen Arzt (oder Logopäden??) kann er sich wenden, kennen Sie jemand in der Schweiz?“*

Das Schweigen im Erwachsenenalter tritt meistens plötzlich auf. Ursachen hierfür können psychiatrische Erkrankungen sein wie Persönlichkeitsstörungen, Schizophrenie, schizoaffektive Störungen, endogene oder exogene Depressionen, hirnorganische Erkrankungen. Es kommen aber auch affektive Schocks wie traumatisierende Angstzustände, heftige Schreckerlebnisse usw. in Frage.

Der **akinetische Mutismus** unterliegt einer alleinigen hirnorganischen Verursachung und geht mit einer neurologisch bedingten zentralen Initiierungsstörung von Bewegung und Sprache einher.

Der Mutismus im Erwachsenenalter äußert sich häufig in der totalen Form, d. h. es wird in keiner Situation mündlich kommuniziert. Zeigt sich das Schweigen in Verbindung mit einer schizophrenen Katatonie (psychogen bedingte Störung der Willkürmotorik mit z. T. schnell wechselnder Hemmung und Erregung), wird durch die ausgeprägte Verminderung spontaner Bewegungen (Stupor), das Einnehmen rigider Haltungsstereotypien sowie die negativistische Abwehr äußerer Einflüsse noch nicht einmal körpersprachlich Kontakt aufgenommen.

Besteht der Mutismus dagegen in seiner (s)elektiven Form aufgrund einer seit Jahren andauernden Vorgeschichte, so lässt sich die Sprechhemmung als aufrechterhaltenes oder dramatisiertes Schweigen eines aus der Kindheit oder dem Jugendalter stammenden

Hemmungsphänomens beschreiben, das zu keiner Zeit behandelt wurde oder sich als therapieresistentes Verhalten zeigt.

In allen genannten Fällen liegt eine (weiterhin bestehende) Therapieindikation vor, besonders weil das jahrelange oder plötzlich entstehende Schweigen gravierende Auswirkungen auf die Alltagsbewältigung von Erwachsenen – mit den Lebensbereichen Selbständigkeit, Partnerschaft, Berufsausübung – zur Folge hat.

Abb. 11: Dabei und doch nicht drin. Die Welt im Spiegel der Mauer aus Glas

Die Prävalenzrate des (s)elektiven oder totalen Mutismus im Erwachsenenalter ist noch geringer als die ohnehin schon niedrige allgemeine Krankheitshäufigkeit des Schweigens (s. Kap. *Was ist Mutismus? Eine Begriffsbestimmung*). Dafür sind die Probleme von Erwachsenen mit der Sprechhemmung umso größer.

Machen Sie als ungehemmt Sprechender doch einmal einen Test. Gehen Sie in ein Geschäft – damit ist natürlich kein Supermarkt mit Selbstbedienung gemeint – und versuchen Sie etwas zu kaufen, **ohne dabei auch nur ein Wort zu sagen.** Achten Sie dabei besonders auf die Blicke der anderen Kunden sowie auf das Verhalten des Verkaufspersonals.

Wahrscheinlich werden sehr viele von Ihnen diesen Test mittendrin entnervt aufgeben. Zu groß ist die Scham, angegafft und für geistig behindert gehalten zu werden.

Einem Menschen, der im Rollstuhl sitzt, kann man auf den ersten Blick ansehen, „woran es fehlt“. Einem Mutisten sieht man es jedoch nicht an, und er kann auch keine Erklärung abgeben, da dies wiederum Sprechen voraussetzt.

Ähnliches gilt natürlich auch im Hinblick auf eine berufliche Ausbildung. Viele Betriebe und auch Behörden können sich relativ problemlos vorstellen, einen Körperbehinderten einzustellen, z. B. im Büro oder jeweiligen Dienstleistungsbereich. Die wenigsten Personalleiter würden es aber wagen, einem Menschen, der nicht spricht, obwohl er sprechen kann, eine Entwicklungschance zu geben. Warum eigentlich? Liegt es nur an der fehlenden Kommunikationsmöglichkeit? Sind es nicht auch Vorbehalte gegenüber einem Störungsbild, das sehr oft noch von der Allgemeinheit mit einer geistigen Behinderung gleichgesetzt wird, wenn auch nur aus Unwissenheit? Erhält das Schweigen durch die vordergründige Nichterklärbarkeit nicht sogar einen mystischen, geheimnisvollen Charakter?

Diese und viele andere Problemstellungen ziehen sich wie ein roter Faden durch das Leben eines erwachsenen Mutisten. Auch das Knüpfen zwischenmenschlicher Beziehungen gehört dazu. Wie flirte ich beispielsweise mit jemandem, ohne mit ihm zu reden? Auch in diesem Punkt sollten Sie einmal den Selbstversuch durchführen. Gehen Sie auf eine Person zu, die Sie vorher noch nie gesehen haben, und versuchen Sie dieser Person klarzumachen, dass Sie sie sympathisch finden, ohne dabei ein Wort zu sagen.

Abb. 12: Die häufigste Kompensationsform des Schweigens: der Einsatz der Schriftsprache

Um Mutisten besser verstehen zu können, sollte man selbst einmal ein Schweiger „zumindest auf Zeit" gewesen sein, da ansonsten der Blickwinkel von oben als „Normaler" herab auf „den Behinderten" überwiegt. Erst wer selbst einmal im Rollstuhl saß, erkennt, wie verdammt hoch doch eine Bordsteinkante sein kann.

Wie kann ich Erwachsenen mit Mutismus im täglichen Miteinander helfen?

Auch hier gelten viele der Regeln wie für den Kindergarten und für die Schule: keine Ausgrenzung, kein negativer Druck und keine Mittelpunktsstellung. Behandeln Sie schweigende Erwachsene wie jeden anderen Menschen auch, nur dass dieser Mensch eben nichts sagt. Betrachten Sie das Ausweichen auf andere Kommunikationsformen als Selbstverständlichkeit, auch wenn die Umwelt darauf sehr erstaunt reagieren sollte. Ein Beispiel: Ein Mutist möchte zusammen mit Ihnen etwas in einem Restaurant bestellen. Da er dem Kellner nicht sagen kann, was er möchte, zeigt er eben auf das betreffende Menü in der Speisekarte.

Auch hier gilt wieder der Grundsatz, dass der Mutist so viel alleine machen soll, wie er möchte und kann, und dass Sie als Außenstehende(r) so wenig wie möglich helfend eingreifen sollten.

Eine Einmischung oder Intervention ist jedoch in jenen Fällen notwendig, in denen es aufgrund des Schweigens zu Missverständnissen oder gar Beleidigungen bzw. Angriffen kommt.

Je normaler Sie mit schweigenden Menschen umgehen, desto mehr helfen Sie ihnen. Und noch etwas sollte nicht übersehen werden, ist geradezu essenziell für Therapeuten und Kliniker: Vor dem Hintergrund, dass Mutismus zu den überwindbaren Störungsbildern zählt, ist der Betroffene nie zu alt für eine Mutismus-Therapie. Die Behandlungsoption hat keine Altersgrenze. Beeindruckende Schilderungen von Erwachsenen sprechen hier eine deutliche Sprache (vgl. Schaerer 2016, Hebbecker 2016, Schubert 2020, Andresen 2022)[1-4].

1 Schaerer, L. M. (2016): Mutismus aus Sicht einer Betroffenen – Ein Familienrückblick. Mutismus.de 8/15, 16-20.
2 Hebbecker, T. (2016): Mein Kampf gegen das Schweigen. Mutismus.de 8/15, 21-25.
3 Schubert, L. (2020): Mutismus mit Humor. Mutismus.de 12/23, 25-39.
4 Andresen, A. (2022): Umgedrehter Mutismus – Ein Erfahrungsbericht. Mutismus.de 14/27, 32-28.

| Therapeutische Möglichkeiten

Der Hilferuf einer Mutter: *„Mein Sohn ist 13 Jahre alt und leidet an elektivem Mutismus. Können Sie mich beraten, was ich für ihn machen kann? Stationäre Therapien hat er schon durchgemacht, aber ohne Erfolg. Kennen Sie vielleicht Adressen von Ärzten, Therapeuten, Kliniken in meiner Nähe (ich wohne in ...), die sich mit diesem Problem erfolgreich beschäftigen? Ich interessiere mich auch für Beschulungsmöglichkeiten. Mein Sohn hat jetzt eine Hauptschulempfehlung bekommen, weil er sich im Unterricht mündlich nicht beteiligt.“*

Eine andere Zuschrift: *„Ich bin die Mutter eines 8 Jahre alten Mädchens, bei dem selektiver Mutismus diagnostiziert wurde. Wir leben in Deutschland, sind aber Spanier. Meine Tochter spricht in der Schule überhaupt nicht. Das Problem (SM) hatte im Kindergarten begonnen. Sie ist immer noch sehr verschlossen! In Behandlung war sie im ... Krankenhaus. Sie ist sehr aufgeweckt. Zu Hause und bei einigen Familienmitgliedern ist sie eine Quasselstrippe. Ich brauche einen Rat von Ihnen, vielleicht einen Termin? Ich ziehe in Erwägung, Prozac einzusetzen. Eine Familie hat auch von Paxil berichtet, aber ich weiß nicht recht weiter.“* (deutsche Übersetzung von den Autoren)

Zwei Anfragen besorgter Eltern, die auf einen Informationsnotstand im Hinblick auf eine effiziente Behandlung des Schweigens hinweisen und darüber hinaus die Komplexität dieses Hemmungsphänomens aufzeigen. Welche Therapieform kommt aber nun in Frage?

Schweigende Kinder, Jugendliche und Erwachsene werden von drei Fachdisziplinen therapeutisch betreut (s. Abb. 13).

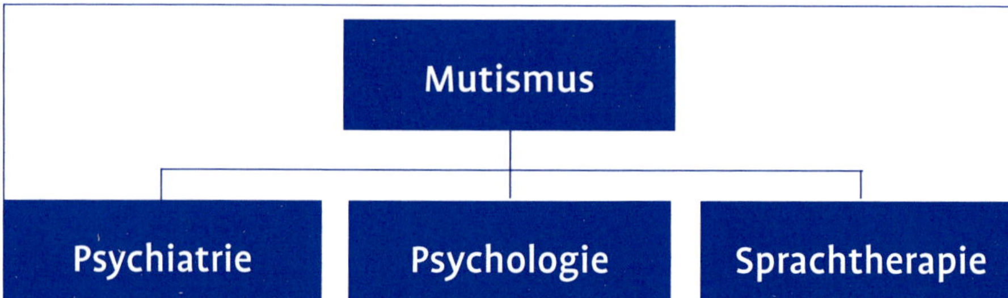

Abb. 13: Mutismus im Fokus therapeutischer Disziplinen

Dabei richtet sich die jeweilige Therapiekonzeption nach den erhobenen organischen, psychologischen und sprachlichen Befunden sowie den bisher absolvierten Behandlungsformen.

Psychiatrische Behandlung

> Der innere Konflikt einer Mutter: *„Auch meine Tochter hatte selektiven Mutismus. Diese Diagnose wurde im Alter von 5 ½ Jahren gestellt, nachdem meine Tochter bereits im Alter von 2 bis 2 ½ Jahren verhaltensauffällig war und wir Hilfe suchten. Wir haben dann jede Menge Therapien ausprobiert. Verhaltens-, Spiel- und Lerntherapie, Heilpädagogisches Voltieren, Chinesische Ganzheitsmedizin. Vor ca. 1 Jahr fand ich dann über das Internet die Selbsthilfegruppe Selective Mutism Group in Florida. Ja und dann kam endlich der Ball ins Rollen. Dort erfuhr ich – und später auch bei anderen englischen Pages –, dass es sich dabei um eine schwere Art der Depression handeln dürfte, die medikamentös behandelt werden kann – sicherlich gibt es auch Kinder, die durch einen Schock mutistisch werden –, aber die meisten unserer Kinder sind es wirklich von klein auf. Im Februar dieses Jahres gingen wir zu einem Kinderneurologen, der ebenfalls eine schwere Form der Depression diagnostizierte. Er verschrieb uns ein Antidepressivum – Gladem. Meine Tochter machte eine Woche nach Einnahmebeginn bereits die ersten Fortschritte. Innerhalb von drei Monaten war sie vollkommen gesund. Sie ist nun wie jedes andere Kind in ihrem Alter, und alles war wie ein Wunder. Ich muss dazu sagen, dass meine Tochter die letzten zwei Jahre schwer mutistisch war und nur mit uns Eltern, ihrem Bruder und einer Oma gesprochen hat. In der Schule und Freizeit kommunizierte sie nur über Augenkontakt. Ich bin absolut kein Freund von Medikamenten, aber wir waren so verzweifelt, und dass es meiner Tochter nun so gut geht, ist einfach wie ein Wunder. Über einen Erfahrungsaustausch mit anderen Eltern würde ich mich sehr freuen.“*

Zeigt sich das Schweigen im Rahmen einer psychiatrischen Grunderkrankung (Persönlichkeitsstörung, Schizophrenie, schizoaffektive Störung, endogene oder exogene Depression, hirnorganische Erkrankung etc.), ist in der Regel eine stationäre bzw. teilstationäre (tagesklinische) Behandlung indiziert. Darüber hinaus kann ein mutistisches Verhalten auch parallel zu einer psychosomatischen Störung wie Anorexia nervosa (Magersucht) oder Bulimia nervosa (Ess-Brechsucht) entstehen, was eine psychiatrische Therapie der Ess-, nicht aber zwingend der Kommunikationsstörung erforderlich macht.

Die stationäre Behandlung involviert in der Regel eine medikamentöse Reduktion der psychiatrischen Grunderkrankung in Verbindung mit psychotherapeutischen Maßnahmen wie Gesprächs-, Verhaltens- oder Kunsttherapie in Ergänzung durch das Psychodrama oder die Ergotherapie. Das therapeutische Angebot kann durch die Sporttherapie erweitert werden. Die Gestaltung von gesprächstherapeutischen Einzel- bzw. Gruppentherapien erweist sich aufgrund des Schweigens in der Regel als schwierig. Hier zeigt sich in praxi, dass die Therapieindikation (Grund der Behandlung) – das Schweigen – häufig als Argument für eine Nichtdurchführbarkeit einer psychotherapeutischen Behandlung und damit für einen Therapieabbruch verwendet wird, sodass neben der Behandlung der psychiatrischen Grunderkrankung oftmals keine mutismusspezifische Behandlung in den Kliniken durchgeführt wird.

Eine sprachtherapeutische/logopädische Behandlung ist aufgrund der Personalzusammensetzung und konzeptionellen Ausrichtung psychiatrischer Kliniken häufig nicht vorgesehen oder, wenn doch vorhanden, nicht für die Behandlung des Schweigens gedacht. Vor dem Hintergrund der eher als seelische Belastung angesehenen Atmosphäre eines stationären Aufenthaltes ist – neben der notwendigen Behandlung der Grunderkrankung – insgesamt eine Aufrechterhaltung der mutistischen Symptomatik im psychiatrischen Klinikkontext wahrscheinlich.

Anders verhält es sich bei einer antidepressiven medikamentösen Behandlung des Mutismus selbst. Im DSM-5 wird der Mutismus als Angststörung klassifiziert und die signifikante Überlappung mit der Sozialen Angststörung beschrieben. Darüber hinaus wird in Fachbeiträgen auf die Querverbindung zur Depression verwiesen. Eine Unterstützung sprachtherapeutischer/logopädischer Konzeptionen durch ein auf Körpergröße und Gewicht dosiertes Antidepressivum ist indiziert, wenn die Sprechhemmung kausal oder comorbid mit einer nachweisbaren Sozialphobie, Depression oder zwanghaften Symptomatik verbunden ist.

Wichtig: Um entsprechende Befunde als Voraussetzung für eine flankierende Medicotherapie zu erheben, sollten bei Mutismus immer nonverbale Testverfahren eingesetzt werden, die eine Ergebnisverzerrung durch das Schweigen von vornherein ausschließen. Dies gilt auch für die psychometrische Erfassung der kognitiven Leistungsfähigkeit. Die Praxis zeigt, dass Paper-Pencil-Tests, die auf eine Selbstbeurteilung abzielen, sehr gut geeignet sind, Angststörungen, Depressionen oder Zwänge zu diagnostizieren.

In angloamerikanischen und deutschsprachigen Studien werden Behandlungserfolge mit selektiven Serotonin- oder Serotonin-Noradrenalin-Wiederaufnahmehemmern (sog. SSRI bzw. SSNRI) beschrieben, die sich u. U. auch im Kindes- und Jugendalter als wirkungsvoll erweisen, vor allem aber im Erwachsenenalter eingesetzt werden. Der Mutismus wird als Störung des Serotonin-Stoffwechsels angesehen. Das *Krankheitsmodell einer Stoffwechselstörung* betont den biologischen Aspekt von Ängsten bzw. Depressionen[1-5]. Es indiziert eine effektive medikamentöse Behandlung, ohne den psychotherapeutischen oder sprachtherapeutischen Zugang zum Schweigenden zu behindern.

Wie wirken die bei Angststörungen, Depressionen und Zwängen eingesetzten Serotonin (5-HT)-Wiederaufnahmehemmer? Serotonin wird normalerweise als Botenstoff (Neurotransmitter) von einer Nervenzelle ausgeschüttet und von den Rezeptoren der nächsten Zelle aufgenommen, um im synaptischen Spalt neuronale Informationen zu transportieren. Dabei wird ein Teil des Serotonins vom ersten Neuron wieder aufgenommen. SSRIs blocken bei einer Inbalance des Serotonin-Stoffwechsels die Wiederaufnahme des Botenstoffs in die ausschüttende Nervenzelle. Es kommt zu einem Anstieg des Serotonins und damit zu einer Normalisierung des Hirnstoffwechsels.

Als Wirkstoffe im Bereich der Serotonin (5-HT)-Wiederaufnahmehemmer, die individuell abzustimmen sind, kommen in Betracht:

selektive Serotonin (5-HT)-Wiederaufnahmehemmer SSRIs = Selective Serotonin Reuptake Inhibitors	
Fluoxetin Fluvoxamin Sertralin Paroxetin	Citalopram Escitalopram SSNRI: *[1] Venlafaxin, Duloxetin, Milnacipran

*1 Selektive 5-HT- und NA-Wiederaufnahmehemmer mit etwa gleich starker Hemmung der 5-HT- und NA-Wiederaufnahme

1 Bandelow, B. (³2010): Das Angstbuch. Woher Ängste kommen und wie man sie bekämpfen kann. Reinbek bei Hamburg: Rowohlt.

2 Holsboer, F. (2011): Biologie für die Seele. Mein Weg zur personalisierten Medizin. München: dtv.

3 Braun-Scharm, H. (2015): Elektiver Mutismus und medikamentöse Behandlungsmöglichkeiten. Mutismus.de 7/14, 5-6.

4 Muris, P. & Ollendick, Th. H. (2015): Children who are anxious in silence: A review on selective mutism, the new anxiety disorder in DSM-5. Clinical Child and Family Psychology Review 18(2), 151-169.

5 Ströhle, A.; Wesely, E.; Meska, S.; Hoos, A. & Laufer, S. (2016): Symptomatik und Behandlung von Angsterkrankungen bei Erwachsenen. Mutismus.de 8/15, 4-13.

> Eine Medicotherapie sollte in jedem Fall in einen Gesamtbehandlungsplan unter Zuhilfenahme psychotherapeutischer und/oder sprachtherapeutisch-logopädischer Therapiekonzeptionen eingebettet werden.

Sowohl Psycho- als auch Sprachtherapien erhalten in therapieresistenten Fällen durch eine medikamentöse Flankierung eine günstigere Prognose, da eine von außen auf den Betroffenen einwirkende Therapie besser dann greifen kann, wenn die endogene Hemmung auch endogen aufgelockert wird. Der Einsatz einer medikamentösen Behandlungsmöglichkeit wird in der Regel aber anfangs übersehen, wie auch die Reihenfolge der in der obigen Mail beschriebenen Therapieangebote zeigt, oder ideologisch abgewehrt, wie folgender Ausschnitt eines Gespräches während der telefonischen Mutismus-Sprechstunde wiedergibt:

- Mutter: „Mein Kind ist mutistisch. Wir haben an Therapien bereits alles ausprobiert. Unsere letzte Hoffnung ist jetzt ein Chirophonetiker."
- Hartmann: „Sie sagen, Sie hätten therapeutisch alles ausprobiert. Welche Therapien wurden bisher denn durchgeführt?"
- Mutter: „Ergotherapie, Spieltherapie, Sprachtherapie. Ein Chirophonetiker sagte uns, das Schweigen habe mit Verspannungen im Rückenbereich zu tun, die den Lautfluss unseres Kindes stören."
- Hartmann: „Haben Sie schon mal an eine medikamentöse Behandlung gedacht?"
- Mutter: „Nein, so etwas kommt für mich nicht in Frage. Wir haben es nicht so mit Pillen, wissen Sie. Außerdem hat uns unsere Heilpraktikerin davon abgeraten."

In der Praxis haben sich Flankierungen mit Selektiven Serotonin-Wiederaufnahmehemmern als äußerst hilfreich erwiesen, auch besonders therapieresistente, stagnierende Behandlungsprozesse aufzulockern und die Betroffenen an eine kommunikative, sozialaktive Lebensgestaltung und Teilhabe heranzuführen. Vereinfacht formuliert sind SSRI häufig das letzte Ass im Ärmel, wenn andere Behandlungsversuche gescheitert sind. Dabei ist die Dosierungshöhe des jeweiligen Wirkstoffs individuell zu gestalten und dem Schweregrad der Symptomatik anzupassen, bis eine Stimmungsaufhellung und Antriebssteigerung persönlich wahrgenommen wird. In vielen Fällen wird eine Verabreichungsdauer von mindestens neun Monaten empfohlen. SSRI sind verschreibungspflichtig und bedürfen einer engmaschigen medizinischen Konsultation.

Psychotherapeutische Behandlung

Eine psychoanalytische, verhaltens-, kognitiv verhaltens- oder gesprächstherapeutische Auflösung der Mutismusursache stellt seit Beginn des 20. Jahrhunderts eine neben der psychiatrischen Behandlung gleichfalls häufig genutzte Therapieform dar.

Bei der psychotherapeutischen Behandlung stehen die Identifikation sowie Interpretation ursächlicher bzw. auslösender Momente im Vordergrund, da das Schweigen als allein psychogen bedingt verstanden wird.

Die psychologische Betrachtung des Schweigens ist in jenen Fällen sinnvoll, in denen tatsächlich neurotische Charakter- oder Familienstrukturen, traumatisierende Schockzustände, aktualdepressive Zustände oder stressauslösende Ereigniswahrnehmungsmuster, die als Ich-Bedrohung empfunden werden, vorliegen.

Äußert sich das Schweigen im Vorschulalter bei bevorstehender Einschulung, so kann im Rahmen einer psychologischen Beratung eine psychometrische Diagnostik vorgenommen werden, um anhand von Befunden – z. B. der Grundintelligenz, des Sprachverständnisses, der visuellen oder auditiven Wahrnehmung sowie jeweiligen gnostischen Verarbeitungsqualität – eine Prognose für die zu erwartende Schulleistung stellen zu können. Bei der Diagnostik ist erneut darauf zu achten, dass nonverbale Testverfahren eingesetzt werden, damit Nachteile, die sich durch das Schweigen sowie durch zusätzliche Sprach-, Sprech- oder Stimmstörungen ergeben könnten, nicht in die Bewertung mit einfließen.

Bei der Bewertung von aufrechterhaltenden Faktoren ist ebenfalls eine psychologische Beratung möglich, um mit Hilfe familientherapeutischer Ansätze eine ungünstige Psychodynamik innerhalb der Familie zu erkennen und zu verändern. Als Beispiele können genannt werden:

- vom Betroffenen positiv empfundene Sonderstellungen der Schweigenden,
- ausgeprägt asymmetrische Mutter-Vater-Konstellationen,
- widersprüchliches Erziehungsverhalten der Eltern,
- überbehütendes Puffern der Schweigenden durch einen Elternteil (häufige Mutter-Kind-Symbiose),
- intrafamiliäre Dominanzstrukturen,
- Ausbildung eines subjektiven Krankheitsgewinns bei den Schweigenden.

Das Ziel der Psychotherapie ist vor diesem Hintergrund die Offenlegung und Lösung des bei der betroffenen Person zugrunde liegenden seelischen Konflikts. Die in diesen psychischen Mechanismen gebundenen Energiepotenziale sollen durch die gemeinsame Erarbeitung von Bewältigungsstrategien auf der Seite der Schweigenden wiedererkennbar und für die Bewältigung gegenwärtiger sowie zukünftiger Lebensaufgaben nutzbar gemacht werden.

Sprachtherapeutische/logopädische Behandlung

Seit Anfang der 90er-Jahre des 20. Jahrhunderts gerät die Behandlung des totalen bzw. selektiven Schweigens zunehmend in den Fokus sprachtherapeutischer und logopädischer Betrachtungen. Dies liegt zum einen an der Tatsache, dass es sich bei diesem Phänomen um eine Störung der Kommunikation handelt, zum anderen an dem Umstand, dass in zahlreichen Studien auf eine Kombination von Mutismus und diversen sprachlichen Problemfeldern hingewiesen wird.

Tatsächlich lassen sich, je nach Untersuchung, bei ca. 33 % – 51,9 % der Betroffenen Artikulationsstörungen, grammatikalische Abweichungen, Wortschatzretardierungen, Stottern, Poltern oder Dysphonien nachweisen und bei weiteren 21,4 % Problemfelder emigrationsbedingter Zweisprachigkeit (s. Kap. *Diagnostik – Welche Kriterien gibt es?*).

Einen weiteren Hinweis auf eine Verknüpfung der Angststörung Mutismus mit Sprach-, Sprech- und Stimmstörungen gibt sowohl die **ICD-10-GM** (International Classification of Diseases, Version 10, German Modification) der Weltgesundheitsorganisation WHO als auch das **DSM-5** (Diagnostic and Statistical Manual of Mental Disorders, Version 5) der Amerikanischen Gesellschaft für Psychiatrie.

Was vermag aber nun eine sprachtherapeutische/logopädische Behandlung bei schweigenden Kindern, Jugendlichen und Erwachsenen positiv zu verändern?

Die Sprachtherapie/Logopädie ist in ihrer Konzeption nicht primär auf die Analyse vergangenheitsorientierter Problemstellungen ausgerichtet, d. h. sie interpretiert nicht – wie die psychotherapeutischen Behandlungsformen – seelisch belastende Kindheitserlebnisse, frühkindliche emotionale Traumata oder neurotisierende Familienstrukturen. Es werden zwar bei der Erhebung der Familien- und Patientenanamnese mögliche psychische Verursachungsfaktoren erfragt und, wenn identifizierbar, auch in Zusammenarbeit mit

Psychotherapeuten therapeutisch angegangen. Doch im Grunde nimmt sie die Ist-Situation als Ausgangspunkt zukunftsorientierter Überlegungen und Maßnahmen.

Erinnern wir uns an die drei Einflussgrößen beim Schweigen, die im Erscheinungsbild von Schweigern und ihren Familien als wiederkehrende Konfiguration anzutreffen sind:
- die Familienanhäufung kommunikativ gehemmter und sozial zurückgezogener Personen,
- die häufige Kombination von Mutismus mit sprachlichen Problemfeldern und
- die durch Lernprozesse erfolgende Aufrechterhaltung des Schweigens in Form des subjektiven Krankheitsgewinns.

Die exakte lineare Erklärung des Schweigens durch ein einziges definierbares Ereignis stellt in der Genese des Mutismus die Ausnahme dar.

Umso wichtiger wird deshalb die Beachtung therapierelevanter Angaben aus der individuellen Familien- und Patientenbiografie und deren Vergleich mit einer in zahlreichen Studien beschriebenen Persönlichkeitsmatrix von Schweigern.

Es ergeben sich Fragestellungen, die sowohl für die Auswahl der Therapie*form* als auch für die Prognose bedeutsam sind:

1. Trat das Schweigen plötzlich auf oder bestand schon in der frühen Kindheit eine auffällige Ängstlichkeit gegenüber Nichtfamilienmitgliedern?
2. Gibt es neben der/dem Betroffenen weitere Familienmitglieder – bis zurück zu den Großeltern mütterlicher- bzw. väterlicherseits –, die als kommunikativ gehemmt und/oder sozial zurückgezogen bezeichnet werden können?
3. Besteht ein Leidensdruck oder erscheint die schweigende Person als buchstäblich „in sich ruhend"?
4. Gibt es weitere – mündliche wie schriftliche – sprachliche Problemfelder?
5. Liegen neben dem Mutismus auffällige seelische oder körperliche Erkrankungen vor?

Bei plötzlichen Entstehungsverläufen sowie über das Schweigen hinausreichenden seelischen und körperlichen Erkrankungen sind in der Regel die oben beschriebenen psychiatrischen bzw. psychotherapeutischen Behandlungsmöglichkeiten vorzuziehen.

Lassen sich dagegen schon in der sehr frühen Kindheit – d. h. vor dem Eintritt in den Kindergarten – deutliche Tendenzen für eine ausgeprägte kommunikative und soziale Abwehrhaltung gegenüber allen nicht zur engsten Familie gehörenden Personen (Kinder und Erwachsene) beobachten, stehen Psychiatrie, Psychotherapie und Sprachtherapie/ Logopädie vor demselben Problem, unabhängig von ihrer disziplinimmanenten Therapieausrichtung: Es soll bei einem von Anfang an bestehenden Schweigen gegenüber Fremden eine kommunikative Auflockerung erfolgen und eine bedrohte Kindergarten- oder Schulsituation durch die Erarbeitung sozialer Handlungsstrategien aufgefangen werden. Vor dem Hintergrund einer Familienanhäufung von gehemmten Wesensmerkmalen bei einem gleichzeitig abgewehrten Leidensdruck (s. u.) stellt diese Aufgabe ein komplexes Therapiefeld dar.

Auf beide Kernthemen – die kommunikative *und* soziale Handlungsfähigkeit des Menschen – ist die Sprachtherapie/Logopädie konzeptionell und praxisorientiert ausgerichtet.

Bei der sprachtherapeutischen Behandlung geht es demnach nicht schwerpunktmäßig um eine Rückwärtsgewandtheit, sondern es werden Maßnahmen durchgeführt, die den Sinn von Sprache und Sprechenkönnen – auch auf der eventuell notwendigen Ebene des kindlichen Verständnisses – vermitteln:

a) Was kann man durch Sprechen erreichen?
b) Was für einen Sinn haben Fragen und Antworten?
c) Wie lassen sich eigene Fähigkeiten für andere sichtbar machen?
d) Hat die Bildung von Freundschaften etwas mit Sprechen zu tun?
e) Was kann ich durch Sprechen im Kindergarten bzw. in der Schule verbessern?
f) Oder anders gefragt: Was verbaue ich mir mit meinem Schweigen im Kindergarten bzw. in der Schule?
g) Ist es möglich, mir bei meinen Artikulationsstörungen, meinem Stottern, meinen (grammatikalischen) Ausdrucksschwierigkeiten zu helfen, wenn ich mich nicht öffne und deshalb diese von außen nicht erkannt werden können?
h) Macht es einen Sinn, nicht fragen zu können, wenn ich etwas nicht verstanden habe?
i) Welche Gegenstände, Tiere, menschliche Verhaltensweisen lassen sich welchen Geräuschen zuordnen?
j) Was bedeutet frei sprechen zu können für meine eigene Entwicklung?

Die Sprachtherapie/Logopädie versteht sich auf die Erarbeitung sprachlicher Kompetenzen, die zu einer Rückgewinnung oder zu einem Ausbau sozialer Kompetenzen genutzt werden sollen. Sie behandelt kindliche Sprachentwicklungsstörungen ebenso wie Redeflussstörungen im Kindes- und Erwachsenenalter (Stottern, Poltern) und neurologisch bedingte Sprach- und Sprechstörungen (Bsp.: Aphasien bei Schlaganfallpatienten oder Dysarthrophonien bei Parkinson bzw. Chorea Huntington). Die Hörerziehung und ein visuelles Wahrnehmungstraining sind dabei in gleichem Umfang integraler Bestandteil der Behandlung wie Beratung, Elternarbeit und interdisziplinäre Gesprächsrunden zwecks Erarbeitung von ganzheitlichen (oder systemischen) Zukunftsperspektiven.

Die Sprachtherapie/Logopädie schaut nach vorn, entwickelt gemeinsam Handlungsmuster für den pragmatischen Einsatz von Kommunikation und erprobt sie innerhalb der Übungssituation sowie in realen Situationen (In-vivo-Therapie) außerhalb der Praxisräume in Form von Einkaufen, Sich-beraten-Lassen, Frage-Antwort-Schemata, Telefonieren.

In ausführlichen Elternberatungen werden Irritationen und Ängste der Eltern ernst genommen und offen thematisiert, Familienstrukturen besprochen und ungünstige Erziehungskomponenten abgebaut, die einen das Schweigen aufrechterhaltenden Krankheitsgewinn für den Betroffenen darstellen. Als Risikofaktoren sind hierbei zu nennen:

- Befreiung von Schulbesuchen,
- Befreiung von häuslichen Pflichten,
- Sich-einigeln-Können im eigenen Zimmer bei nicht mehr vorhandenen familiären Gemeinsamkeiten,
- Verhinderung von Unlustgefühlen oder depressiven Verstimmungen durch den permanenten Einsatz elektronischer Spiele und Medien bis hin zur Spiel- und Internetsucht (Abwehr durch Überlagerung),
- sofortige Ablenkung des Betroffenen bei dem Versuch der Eltern/Angehörigen, in der entspannten häuslichen Atmosphäre ein selbstreflektierendes Gespräch über das Schweigen und seine Behandlung zu führen (Abwehr durch Verdrängung).

In besonders ausgeprägten Fällen des Schweigens mit einer überdeutlichen familiären Vorbelastung (Prädisposition/Diathese) für kommunikative Gehemmtheit kann eine (kinder- und jugend-)psychiatrische und/oder konstitutionell-homöopathische Unterstützung „mit ins Boot“ geholt werden, um in einer gegenseitigen Ergänzung die Sprechhemmung endogen und exogen aufzulockern bzw. zu überwinden.

Eine Störung der Kommunikation stellt in der Regel eine Indikation für eine kommunikativ ausgerichtete Therapieform dar (Heilmittel: Sprach- und Sprechtherapie). Die sprachtherapeutische/logopädische Praxis kann dabei als koordinierende Schnittstelle wirken zwischen den an der Behandlung des Mutismus beteiligten Disziplinen (Sprachtherapie, Medizin, Psychologie) und Institutionen (Kindergarten, Schule, Therapieeinrichtungen, Ausbildungs- und Berufsstätten).

Im Unterschied zur Psychiatrie und Psychotherapie ist die Sprachtherapie/Logopädie dabei in der Lage, zusätzliche oder den Mutismus mitverursachende Sprach-, Sprech- und Stimmstörungen vor Ort und in der gleichen Einrichtung – ohne Wechsel der Therapeuten – zu behandeln, was sich auf die ohnehin verunsicherte Persönlichkeitsstruktur der schweigenden Person als sehr entlastend auswirkt.

Zusammenfassend kann festgehalten werden, dass der Mutismus im Kindes-, Jugend- und Erwachsenenalter, unabhängig vom Behandlungsschwerpunkt, eine Interdisziplinarität indiziert und damit monotherapeutische Vorgehensweisen der Vergangenheit angehören. „Während früher eine traumatische Genese vermutet wurde, geht man heutzutage eher von einer multifaktoriellen Entstehung mit genetischen, psychologischen und sprachassoziierten Einflüssen aus. Psychotherapie, Logopädie und Psychopharmakotherapie stellen die Säulen der Therapie dar“ (Rogoll et al. 2018, 591)[6]. „Die interdisziplinäre Zusammenarbeit mit Fachleuten, etwa HNO-Ärzten zum Ausschluss von Hörproblemen, Bezugspersonen des Kindes aus pädagogischen Einrichtungen und von Freizeitaktivitäten, Sprachtherapeuten oder Logopäden, sofern Sprachentwicklungsstörungen vorliegen, etc. ist wesentlich für den Erfolg der Therapie“ (Melfsen et al. 2019, 617)[7].

Dass kommunikative Übungen und Strategien nicht nur bei zusätzlichen Sprach- und Sprechstörungen eingesetzt werden können und häufig den Beginn einer weitreichenden psychosozialen Öffnung darstellen, wird im folgenden Kapitel aufgezeigt.

---

6 Rogoll, J.; Petzold, M. & Ströhle, A. (2018): Selektiver Mutismus. Nervenarzt 2018. 89:591-602. https://doi.org/10.1007/s00115-018-0504-6.

7 Melfsen, S.; Warnke, A. & Walitza, S. ([2]2019): Selektiver Mutismus. In: Schneider, S. & Margraf, J. (Hrsg.): Lehrbuch der Verhaltenstherapie. Band 3: Psychologische Therapie bei Indikationen im Kindes- und Jugendalter. Berlin: Springer.

Der Mund, der Indikator der Seele

Die psychische Befindlichkeit des Menschen drückt sich in vielerlei körperlichen Merkmalen aus. So lassen Körperhaltung, Gang, die Bewegung der Extremitäten, Gestik, Mimik und Sprechbewegung nicht nur Rückschlüsse auf organische Leiden zu, sondern zeigen dem Gegenüber, gewollt oder ungewollt, auch den Zustand der eigenen Seele an.

Zu den typischen Merkmalen mutistischer Kinder, Jugendlicher und Erwachsener gehören neben der häufig zu beobachtenden rigiden Körperhaltung – die Extremitäten werden an den Körper gepresst, der Habitus ist der eines Introvertierten – vor allem der verschlossene Mund und die zu einem Strich zusammengelegten Lippen.

In der Therapie von Kindern empfiehlt es sich deshalb, mit Übungen zu beginnen, die ein lustbetontes Spiel mit dem Mund – *dem Indikator der Seele* – beinhalten. Auf diese Weise erfährt das Kind, was alles mit diesem Körperteil gemacht werden kann, das außerhalb der Familie wie „abgeschlossen" wirkt und die eigenen Gedanken nicht nach draußen dringen lässt. Darüber hinaus sind mundmotorische Übungen sowie die Bildung von Geräuschen und isolierten Lauten Bestandteil der ersten Phase der *Systemischen Mutismus-Therapie®*, abgekürzt *SYMUT®* (vgl. Hartmann 2004,[1-2] 2019[3]; s. auch www.boris-hartmann.de).

Im Folgenden werden Beispiele gezeigt, die kindgerecht aufgearbeitet sind und eine lustbetonte Bildung der ersten selbst- oder fremderzeugten Geräusche mit dem eigenen Mund evozieren. Das Kartonsprechen ermöglicht die Verstärkung leise geäußerter phonischer Äußerungen durch einen Klangkorpus, vergrößert die vorher auf Körperkontakt ausgerichtete Distanz zwischen dem Kindermund und dem Ohr der Mutter und stellt den Übergang zur verbalen Phase dar. Die ersten mundmotorischen Übungen und Spiele können sehr gut durch Übungen aus dem Bereich der Myofunktionellen Therapie ergänzt werden. Wichtig ist es, direkt zu Beginn der Therapie dem Kind die Freude am „aufgeschlossenen Mund" zu vermitteln. Die abgebildeten Spiele lassen es „auftauen" und werden sehr gerne wieder gewählt. Es macht Spaß, zur Sprachtherapie zu kommen. Man lernt sich kennen, gewöhnt sich aneinander, wird vertraut. Ab jetzt heißt es: Mund wach auf!

---

1 Hartmann, B. (2004): Die Behandlung eines (s)elektiv mutistischen Mädchens nach dem Konzept der Systemischen Mutismus-Therapie/SYMUT. Teil 1. Forum Logopädie 18/1, 20-26.

2 Hartmann, B. (2004): Die Behandlung eines (s)elektiv mutistischen Mädchens nach dem Konzept der Systemischen Mutismus-Therapie/SYMUT. Teil 2. Forum Logopädie 18/2, 30-35.

3 Hartmann, B. (Hrsg.) ([5]2019): Gesichter des Schweigens – Die Systemische Mutismus-Therapie/SYMUT als Therapiealternative. Idstein: Schulz-Kirchner.

Abb. 14: Mund wach auf!
Mundmotorische Übungen sowie die Bildung von Geräuschen und isolierten Lauten als erste Stufe einer sprachtherapeutisch ausgerichteten Mutismus-Therapie (vgl. SYMUT®)

Ausblick

Das zunehmende Interesse der Filmindustrie an der Darstellung von Schweigern – siehe *Einer flog über das Kuckucksnest, Das Geisterhaus, Zeit des Erwachens, Das Piano, Bittersüße Schokolade, Instinkt, Das Kartenhaus, Corrina-Corrina, Kinnerets Schweigen, Wilde Kerle* – machte zwar jenes Phänomen weltweit bekannt, das Fachleute als Mutismus bezeichnen, eine verstärkte Aufklärung durch die Printmedien oder eine entstehende Öffentlichkeitsarbeit der Gesundheitsämter im Hinblick auf Grundinformationen über das Schweigen und die Vermittlung von Therapeuten und Einrichtungen setzt jedoch erst allmählich ein.

Die Betroffenheit von Angehörigen mutistischer Kinder und Jugendlicher ist in vielen Fällen ähnlich intensiv wie die Ratlosigkeit und Irritation bezüglich therapeutischer Möglichkeiten. Das jedenfalls zeigt die Praxis mit ihrer wachsenden Inanspruchnahme von Beratungen, Therapien und interdisziplinären Kontakten, der akribischen Internetsuche nach Informationen, der zunehmenden Teilnahme an Fortbildungen und der selbständigen Recherche von Fachliteratur.

Der Informationsbedarf beim Mutismus ist groß und erhält vor allem in jenen Fällen eine fast dramatische Bedeutung, in denen Klinikaufenthalte nicht zu dem gewünschten Resultat einer kommunikativen Öffnung und sozialen (Wieder-)Eingliederung in das Leben der Gemeinschaft geführt haben.

Bei entsprechend frühzeitiger Identifikation des Schweigens und adäquater Diagnose ist eine angemessene Beratung der Angehörigen sowie Behandlung der schweigenden Person schon zu einem Zeitpunkt möglich, an dem die gefürchteten sozialen Konsequenzen wie Isolation und Schulschwierigkeiten noch im Ansatz verhindert werden können. Es gilt, die anfänglichen Zeichen richtig zu deuten, um die Prognose, die beim (s)elektiven Mutismus in vielen Fällen eher als gut zu bezeichnen ist, nicht durch ein fahrlässiges Ignorieren bzw. abschwächendes Kleinreden, wie „Das wächst sich aus“ oder „Gestaltet man den Rahmen günstiger, wird sich das Kind, der Jugendliche bzw. Erwachsene von alleine öffnen“, zu gefährden.

Dem offensichtlichen Leidensdruck der Betroffenen und ihrer Familien ist hier mit einer angemessenen therapeutischen Ernsthaftigkeit zu begegnen, die Verständnis und Verantwortungsbewusstsein für die Leidenden aufbringt und mutismusrelevante Therapiemöglichkeiten aufzeigt.

Abenteuerlich anmutende Umdeutungen, „das Üben der Gelassenheit" könne dazu beitragen, „Schweigen in ein positives Licht zu rücken", und „das Schweigen des Kindes ist eine beachtliche Fähigkeit" (Bahr 2002, 140 f.)[1], deuten entweder auf eine bewusste Nichtbeachtung der – zumeist jahrelangen – leidvollen Erfahrungen der Familien und Betroffenen hin oder auf mangelnde Therapieerfahrung.

Der therapeutische Umgang mit Schweigenden macht unmissverständlich klar, dass Kinder und Jugendliche, die schweigend jene Phase ihres bislang noch kurzen Lebens durchschreiten, in der man ansonsten *un*bekümmert, offen und neugierig auf „Entdeckungsreise" geht, unter dieser eigendynamischen kommunikativen Hemmung leiden, ja geradezu verzweifelt sind. Der Mutismus kann – und das ist es, was den Eltern dramatisch deutlich wird – bei einer jahrelangen Aufrechterhaltung und Negativentwicklung die seelische, soziale, schulische, berufliche, partnerschaftliche und damit gesamtpersonale Zukunft des Kindes/Jugendlichen/Erwachsenen gefährden.

Eine Lehrerin berichtet irritiert: „*Schon bei der Einschulung hat mich Carmens Mutter darauf hingewiesen, dass ihre Tochter Hemmungen im Sprechen zeigt. Dieses Verhalten hat sie auch bis heute in der Schule gezeigt. Im Unterricht spricht sie vor der Klasse fast gar nicht. Im Gespräch mit mir als ihrer Lehrerin oder mit ihren Freundinnen spricht sie ohne Hemmungen. Versuche ich aber mit ihr über dieses Problem zu sprechen, stellt sich die Blockade sofort wieder ein. So gibt es auch im außerschulischen Bereich bestimmte Situationen, in denen Carmen diese Blockaden ebenfalls zeigt. Carmens schulische Leistungen sind überdurchschnittlich, sie verfügt über gute sprachliche Fähigkeiten. Zu Beginn des 3. Schuljahres suchte die Mutter einen Kinderpsychologen auf. Dieser stellte laut Aussage der Mutter keine psychischen Auffälligkeiten fest. Sein Vorschlag lautete, Carmen in Ruhe zu lassen, darauf zu vertrauen, dass beim Übergang in die weiterführende Schule sich etwas ändern könnte. Die neue Gruppe könnte etwas dazu beitragen, dass*

1 Bahr, R. (2002): Wenn Kinder schweigen – Redehemmungen verstehen und behandeln. Düsseldorf, Zürich: Walter.

Carmen ihre „Rolle“ aufgibt. Die Situation hat sich bis heute nicht verbessert. Ich bin unsicher, ob dieser Weg der richtige ist. Ebenso fällt es mir schwer, eine Empfehlung für die weiterführende Schule auszusprechen, die jedoch in den nächsten Tagen getroffen werden muss. Vielleicht können Sie mir trotz der Kürze dieser Ausführungen einen Rat geben.“*

Eine besondere Bedeutung beim rechtzeitigen Erkennen mutistischer Wesenszüge bzw. Verhaltensweisen erhalten neben den Therapeutinnen bzw. Therapeuten das pädagogische Personal in Kindergärten und Kindertagesstätten, Kinderärztinnen und Kinderärzte, die Amtsärzte der Gesundheitsämter bei der Vorschuluntersuchung sowie die Lehrerinnen und Lehrer in den Grund- und weiterführenden Schulen.

Ein weit verbreitetes Informationsspektrum über Erscheinungsbild, Verursachungsfaktoren, Diagnostik- und Therapiemöglichkeiten sowie der begonnene Aufbau eines therapeutischen Netzwerks niedergelassener Mutismus-Therapeuten aus den Bereichen Medizin, Psychologie und Sprachtherapie/Logopädie (s. Adressen und weiterführende Hinweise) helfen, die häufig zu spät erkannte Kommunikationsstörung Mutismus als solche zu identifizieren bzw. zu behandeln und damit dem Erscheinungsbild der Schweiger selbst das Mystische und Fremdartige zu nehmen. Dabei erhält die Öffentlichkeitsarbeit in den letzten Jahren Unterstützung aus einer unerwarteten Richtung:

Karin Birchler Hofbauer, Monika Birchler-Küchlin: **Anna und Obur Eine Mutmach-Geschichte für schweigende Kinder,** 2. Auflage 2023, Schulz-Kirchner Verlag

Anne Gauß: **Der Junge in der Nussschale Eine Geschichte, die schweigenden, stotternden und schüchternen Kindern Mut macht** 3. Auflage 2019, Iskopress Verlag

Babette Bürgi Wirth, Stefanie Kolb: **Mila spricht! Ein Bilderbuch zum selektiven Mutismus** 2. Auflage 2021, Ernst Reinhardt Verlag

Karen-Susan Fessel, Rosa Linke: **Selina Stummfisch: Wenn Kinder schweigen** 1. Auflage 2019, BALANCE Buch + Medien Verlag

Janne Jesse **Aurelia sagt nie Danke** 1. Auflage 2015 Books on Demand, Norderstedt

Abb. 15: Bilderbücher zum Thema Mutismus für Therapie und Pädagogik

| Abschließend: ein Leserbrief

Wir möchten zum Schluss noch einmal einen Leserbrief vorstellen, der Wesentliches zu unserem Thema zusammenfasst und zugleich viele der angesprochenen Aspekte aus einer sehr persönlichen und sowohl für Betroffene als auch Nichtbetroffene – so meinen wir – ergreifenden, aber auch Kraft gebenden Sicht schildert:

„Lieber Michael,

hier bin ich noch mal. Vielen Dank für deine Mail. Du verstehst mich sehr gut. Mich interessiert es, ob du Kontakte zu anderen (ehemaligen) Mutisten hast. Kennen deine Therapeuten mehrere solcher Fälle? Hauptsächlich Kinder? Welches Alter?

Die Mutismus-Seite ist natürlich eine gute Idee. Ich habe erst mit ca. 17 Jahren den Namen für diese Krankheit gefunden. Damals hatte ich in der Stadtbücherei ein Buch einer amerikanischen Psychiaterin gefunden, die ihre Erfahrungen im Umgang mit einem mutistischen Mädchen niedergeschrieben hatte. Als die damals wegen mir einen Psychologen in die Schule bestellt hatten, hieß es nur: ‚extrem verhaltensauffällig'. Man wollte mich dann auch ursprünglich die erste Klasse wiederholen lassen oder in eine Sonderschule für Lernbehinderte schicken. Irgendwie vermutete man, dass ich mentale Defizite hätte. War/ist der Mutismus bei dir eigentlich auch mehr als nur dieses Nicht-sprechen-Können? Bei mir war das so. Nachdem ich erst mal in diesem verdammten Teufelskreis gefangen war, habe ich fast jede Kommunikation nach außen gekappt. Also auch kein Nicken mehr, Lachen und Weinen waren sowieso tabu; kein Gesichtsausdruck – Angst, man könnte mir etwas ‚ansehen'. Ich musste auch jeden Husten und jedes Niesen unterdrücken. Die banalsten Sachen – für mich Extremsituationen. Auffallen um keinen Preis. Kennst du das auch? Ich habe alles, was auch nur andeutungsweise etwas über mich ‚verraten' hätte können, so gut es eben ging vermieden (die Spur fahr ich i.d.R. auch heute noch). Jeden Ausdruck von Emotion oder Anteilnahme bin ich umgangen. Meine Schulaufsätze und Bilder aus der damaligen Zeit sprechen eine eigene leblose Sprache ... Ich musste jedes Wort dreimal umdrehen, bestimmte Wörter waren für mich sowieso tabu ... im Umgang mit Farben – kann ich mich erinnern – war ich total ge-

hemmt, jeden Pinselstrich musste ich genau überdenken. Alles, was etwas über mich hätte sagen können, hab ich vermieden. Ich habe die Sachen, die ich damals während meiner Schulzeit so fabriziert habe, total gehasst, weil ich wusste, dass das da nicht ich war, dass ich nicht so sein wollte. Ich wäre gerne so gewesen wie die anderen, aber ich KONNTE NICHT. Diese Wand aus Glas ... ich kenne das.

Heute rede ich zwar wieder mehr oder weniger mit anderen Menschen, aber dieses Verstecken ist geblieben. Ich geb nur selten etwas von mir preis. Eigentlich vermeide ich es noch immer, so gut es eben geht. Ich schäme mich schon, wenn andere sehen, was ich für Bücher lese oder welche Musik ich höre. Ich habe Angst, dies könnte etwas über mich verraten. Obwohl ich mir natürlich eingestehen muss, dass meine derzeitige Situation kein Vergleich dazu ist, was ich früher so durchgemacht habe. Ob das ein normaler Mensch überhaupt nachvollziehen kann? Es ist schwer, jemanden zu finden, der so was versteht.

Ich wünsche dir alles Gute und viel Kraft für deinen Kampf gegen die verdammte Angst. Du bist da nicht allein.

Die Menschenscheue“

| Adressen und weiterführende Hinweise

Sie erhalten weitere Informationen zum Thema (s)elektiver oder totaler Mutismus im Kindes-, Jugend- und Erwachsenenalter unter folgenden Adressen:
Mutismus Selbsthilfe Deutschland e. V., Oberpleiser Str. 25, 50939 Köln

www.mutismus.de

Internetauftritt der Mutismus Selbsthilfe Deutschland e. V. mit ausführlichen Informationen zur jährlich stattfindenden vereinseigenen Mutismus-Tagung sowie zu anderen Fortbildungen. Ferner werden Informationsflyer, ein zertifiziertes Therapeuten-Netzwerk, ein Eltern-Netzwerk, Diskussionsforen sowie Literatur- und Medientipps angeboten. Seit 2009 ist der Selbsthilfeverein auch Herausgeber von: **Mutismus.de – Fachzeitschrift für Mutismus-Therapie, Mutismus-Forschung und Selbsthilfe.**

www.boris-hartmann.de

Institut für Sprachtherapie Dr. Boris Hartmann mit Internetpräsentationen zu folgenden Themen: telefonische Mutismus-Sprechstunde, Intensivberatung, Fortbildungen, Lehrauftrag, Publikationen, SYMUT® (Systemische Mutismus-Therapie®) inklusive Diagnostikbögen „Mutismus-Soziogramm“, „E-S-K-M“ und „K-M-A“.

Stuttgarter Rahmenempfehlungen zur Mutismus-Therapie (SRMT)

2013 verabschiedete die Mutismus Selbsthilfe Deutschland e. V. die „Stuttgarter Rahmenempfehlungen zur Mutismus-Therapie (SRMT)“. Damit liegt ein Evaluationsinstrument vor, mit dessen Hilfe durchgeführte oder bestehende Therapieprozesse bewertet und kritisch hinterfragt werden können. Die SRMT beinhalten mutismusspezifische Zielsetzungen, Aspekte der Behandlungs- und Beratungsrichtung, Empfehlungen zur Therapiefrequenz und zur Benotung des Mündlichen in der Schule sowie Hinweise auf einen interdisziplinären Zugang und auf mögliche Querverbindungen zur Sozialen Angststörung, Depression und zum Zwang. „Der Selbsthilfeverein unterstützt mit den SRMT ebenfalls die Methoden und Konzepte der kognitiven Verhaltenstherapie. Betont wird eine fachübergreifende Zusammenarbeit von Psychiatern, Psychologen, Sprachtherapeuten, Logopäden und Ergotherapeuten. Ebenfalls werden Abbruchkriterien formuliert, da nondirektive oder nonverbale Verfahren, die innerhalb eines Jahres nicht zum Sprechen führen, zu einer Chronifizierung des Krankheitsbildes beitragen können“ (Wischnewski & Ströhle 2016, 199)[1].

1 Wischnewski, J. & Ströhle, A. (2016): Angststörungen und selektiver Mutismus bei Kindern und Jugendlichen. Praxis Sprache (61) 3, 195-199.

Die SRMT liegen aktuell in zehn Sprachen vor und können den Seiten **mutismus.de** und **boris-hartmann.de** entnommen werden (s. auch Mutismus Selbsthilfe Deutschland e. V. 2022)[2]:

- Stuttgarter Rahmenempfehlungen zur Mutismus-Therapie (SRMT)
- Stuttgart Guidelines for the Treatment of Mutism
- Préconisations de Stuttgart pour le traitement du mutisme
- Stuttgart'tan Mutizm Terapisi'ne Ìlişkin Çerçeve Önerileri
- Directrices de Stuttgart para la terapia del mutismo
- Zalecenia do terapii mutyzmu opracowane w Stuttgart
- Retningslinjer for behandling av mutisme, utviklet i Stuttgart
- Στουτγάρδη: Τρόποι παρέμβασης για την αντιμετώπιση της αλαλίας
- Штутгартские основные рекомендации для терапии мутизма (SRMT)
- 在德國斯圖嘉特(Stuttgart)召開的第11屆選擇性緘默症年度大會，通過了「選擇性緘默症處理十個準則」

Der Mutismus wurde aufgenommen in den Heilmittel-Report 2008[3], herausgegeben von Prof. Dr. Harald Bode, Universitätsklinik und Poliklinik Ulm, Helmut Schröder und Andrea Waltersbacher, beide Wissenschaftliches Institut der AOK in Bonn. Im Kapitel Sprachtherapie/Logopädie von Prof. Dr. em. Manfred Grohnfeldt, Ludwig-Maximilians-Universität München, erfolgt eine Zuordnung des Mutismus zu den Heilmittel-Richtlinien. Es wird die Verordnung auf der Grundlage der Indikationen SP1 (Störungen der Sprache vor Abschluss der Sprachentwicklung) oder RE (Redeflussstörung) empfohlen, da in beiden Bereichen (Sprech-)Ängste auftreten können (vgl. auch Tajer 2009)[4]. Die Plädoyers für eine Anerkennung der Sprachtherapie innerhalb der Mutismus-Therapie (Hartmann & Katz-Bernstein 2005)[5] bzw. für eine Forschungsoffensive innerhalb der Sprachheilpädagogik/Logopädie (Hartmann 2009)[6] finden damit heute – neben der Psychiatrie – ihre Entsprechung in der gleichberechtigten Auswahl psychotherapeutischer und sprachtherapeutischer Konzeptionen (Katz-Bernstein & Subellok 2009)[7] bei der Behandlung von mutistischen Kindern.

2 Mutismus Selbsthilfe Deutschland e. V. (Hrsg.) (2022): Die Stuttgarter Rahmenempfehlungen zur Mutismus-Therapie (SRMT) in 10 Sprachen (DE, GB, TR, PL, FR, ES, GR, RU, NO, TW) – aktueller denn je! Mutismus.de 14/27, 5-12.

3 Bode, H.; Schröder, H. & Waltersbacher, A. (Hrsg.) (2008): Heilmittel-Report 2008. Ergotherapie, Logopädie, Physiotherapie: Eine Bestandsaufnahme. Stuttgart: Schattauer.

4 Tajer, K. (2009): Mutismus unter Sprachtherapie im Heilmittel-Report 2008. Mutismus.de 1/2, 3.

5 Hartmann, B. & Katz-Bernstein, N. (2005): Plädoyer für die Aufnahme des (s)elektiven Mutismus in den Heilmittelkatalog für den Bereich der Stimm-, Sprech- und Sprachtherapie. Die Sprachheilarbeit 50/1, 2-3.

6 Hartmann, B. ([2]2009): Mutismus – Plädoyer für eine Forschungsoffensive innerhalb der Sprachheilpädagogik/Logopädie. In: Grohnfeldt, M. (Hrsg.): Lehrbuch der Sprachheilpädagogik und Logopädie. Band 3: Diagnostik, Prävention und Evaluation. Stuttgart: Kohlhammer.

7 Katz-Bernstein, N. & Subellok, K. (2009): Selektiver Mutismus bei Kindern: Ein Thema für die Sprachtherapie? VHN 78/4, 308-320.

Grundlage eines Behandlungserfolgs

Unabhängig von der Disziplin und der Therapiemethodik erweist sich ein Faktor als essenzieller Baustein eines jeden Behandlungserfolges, der manchmal übersehen wird: die Veränderungsbereitschaft des Betroffenen selbst. „Wer schwimmen lernen will, muss ins Wasser" (Hartmann 2015)[8]. Das war einmal Konsens, auch im übertragenen Sinn. Die Maxime der gesellschaftlichen Akzeptanz von Störungen – ein wichtiges Merkmal des demokratischen und toleranten Lebensstils – läuft heute Gefahr, bei der Überwindung von Entwicklungshemmnissen überspannt zu werden und mit der Steigerung zur Überakzeptanz, auch von überwindbaren Störungsbildern (Beispiel: Mutismus), geradezu das zu eliminieren, was wir alle der am Behandlungsprozess Beteiligten (Betroffene, Angehörige, Therapeuten, Lehrkräfte usw.) dringend benötigen: Veränderungsbereitschaft.

Damit das Schweigen nicht bereits in der Adoleszenz mit einer Depression verbunden ist und zu einer Lebenssackgasse zu werden droht, bedarf es einer Überwindung im Kindesalter, das eine gute Prognose enthält. Neben der zitierten Veränderungsbereitschaft bei den Betroffenen und einer fundierten Grundlagenkenntnis bei den Behandlern rückt die Identifikation von Risikofaktoren durch Pädiater (und auch Eltern) zunehmend in den Vordergrund. Der Forschungszweig der „Behavioralen Inhibition (BI)", hier der „Frühkindlichen behavioralen Inhibition", zeigt auf, dass das Temperamentsmerkmal Gehemmtheit im frühen Kindesalter, besonders gegenüber sozialen Stimuli, ein Vorbote für ein erhöhtes Risiko der Sozialen Angststörung und für den Mutismus sein kann (Gensthaler et al. 2016)[9].

Es wird deutlich: Mutismus hat keine Zeit. Zu welchen Lebenserschwernissen eine Mutismusbiografie führen kann, die nicht durch eine frühe Diagnose verhindert werden konnte, schreibt ein Betroffener in seinem lesenswerten Artikel „Vom Suizid auf Raten zurück ins Leben – Wenn wirksame Therapie unterbleibt, kann es anders ausgehen" (Zarft 2017)[10]. Eine Mahnung, aber auch Hoffnung zugleich. Er wollte, dass man ihm hilft. Die Therapie war wirksam.

---

8 Hartmann, B. (2015): Wer schwimmen lernen will, muss ins Wasser – Veränderungsbereitschaft im Kontext gesellschaftlicher Einflüsse. Mutismus.de 7/13, 14-24.

9 Gensthaler, A.; Khalaf, S.; Ligges, M.; Kaess, M.; Freitag, Ch. M. & Schwenck, Ch. (2016): Selective mutism and temperament: the silence and behavioral inhibition to the unfamiliar. European Child & Adolescent Psychiatry, DOI 10.1007/s00787-016-0835-4.

10 Zarft, S. (2017): Vom Suizid auf Raten zurück ins Leben – Wenn wirksame Therapie unterbleibt, kann es anders ausgehen. Mutismus.de 9/17, 5-6.